UN DIOS REAL

Sara Edith Fernández

BARKER & JULES

BARKER & JULES

UN DIOS REAL

Edición: BARKER & JULES™
Diseño de Portada: Zaira Munizaga | BARKER & JULES™
Diseño de Interiores: Estefanía Nicté Estrada | BARKER & JULES™
Ilustraciones

Primera edición - 2022
D. R. © 2022, Sara Edith Fernández

I.S.B.N. Paperback | 978-1-64789-911-0
I.S.B.N. Hardcover | 978-1-64789-912-7
I.S.B.N. eBook | 978-1-64789-910-3

Derechos de Autor - Número de control Library of Congress: 1-11254436241

Las citas bíblicas marcadas con las siglas RV60 fueron tomadas de la Santa Biblia, versión Reina Valera 1960, TLA Traducción Lenguaje Actual, NVI Nueva Versión Internacional, NTV Nueva Traducción Viviente, DHH Dios Habla Hoy, RVA Reina Valera Actualizada, RVC Reina Valera Contemporánea, LBLA La Biblia de las Américas, BLP La Palabra versión española.

Todos los derechos reservados. No se permite la reproducción total o parcial de este libro, ni su incorporación a un sistema informático, ni su transmisión en cualquier forma o por cualquier medio, ya sea electrónico, mecánico, fotocopia, grabación u otros, sin autorización expresa y por escrito del autor. La información, la opinión, el análisis y el contenido de esta publicación es responsabilidad de los autores que la signan y no necesariamente representan el punto de vista de BARKER & JULES™, sus socios, asociados y equipo en general.

BARKER & JULES™ y sus derivados son propiedad de BARKER & JULES LLC.

BARKER & JULES, LLC
3776 Howard Hughes Pkwy 549, Las Vegas, NV 89169
barkerandjules.com

UN DIOS REAL

¡Siendo Rey, lo coronaron con espinas!

Sara Edith Fernández

BARKER & JULES

CONTENIDO

INTRODUCCIÓN	9
UN DIOS REAL	19
CUERDAS DE AMOR	35
RENACE	41
LA CARRERA DE LA VIDA	47
LA ORACIÓN MÁS CORTA	59
CARTA PARA DIOS	63
SIN RESERVAS	73
ESTÁS BAJO MI COBERTURA	81
VOLUNTAD PERFECTA VS VOLUNTAD PERMISIVA	89
ENTRÉGAME TUS SUEÑOS	97
NUEVOS COMIENZOS	101
EL PERDÓN	105
YO SOY TU PROVEEDOR	109
INTERVENCIÓN	113
ACOMPAÑADA	119
GOLPES DE FE	125
¡NO ESTÁ MUERTO, SOLO DUERME!	131
ELIGE TUS BATALLAS	137
ERES BUENA TIERRA	145
¡INTERCEDE!	151
UNA MILLA MÁS	157
UNA TIERRA PROMETIDA	163
¡TIENES QUE PAGAR EL PRECIO!	171
20/20 AGUDEZA VISUAL	175
SUEÑA	185
GOBIERNO DE DIOS	191
TIEMPO DE CUMPLIMIENTO	205

Introducción

Para mí es tan asombroso ver cómo el ser humano desde hace siglos se ha cuestionado si Dios existe y si realmente Él es el creador de todas las cosas. Yo no puedo imaginar un mundo sin Dios. Por eso cuando empecé a prepararme para escribir este libro busqué en internet la siguiente frase: "Dios es real" y me di cuenta de que al realizar la búsqueda la red te dirige a la ciencia y aparecen las teorías de algunos científicos y filósofos que intentaron explicar la obra de Dios. Es probable que te resulten familiares algunas de esas teorías. 1) El origen del Universo; 2) El origen de las especies; y 3) Las leyes de la naturaleza. Por ejemplo, con relación al origen del universo nos explican que Albert Einstein llego a la conclusión de que el universo se originó por un estallido al cual llamó *Big Bang*, aunque en realidad años antes George Lamaitre fue el primero en observar en 1927 que el universo se inició con la expansión de un átomo primigenio. Para el origen de las especies en el siglo XVIII los científicos Lamarck, Darwin y Wallace después de haber observado por un largo tiempo especies de aves en la isla Galápagos, dan a conocer la teoría de la evolución y para explicar las leyes de la naturaleza entre los siglos XVI y XVIII aparecen Kepler, Newton y Mendel. Es así como hasta el día de hoy se toman como válidas sus investigaciones acerca del origen de todas las cosas.

Sin embargo, si nos remontamos a escritos más antiguos podemos encontrar que tanto el origen del universo, como el origen de las especies está relatado en el primer libro del Pentateuco llamado Génesis que significa principio, pero esta información se ha clasificado como eclesiástica y es por eso que la han separado de la enseña en las escuelas. Pero, ¿sabías que Dios desde el principio se reveló a los hombres para establecer como principio que los padres eran los responsables de enseñar el origen del universo a sus hijos de generación en generación? Por esta razón, apenas empezaba a hablar el niño, su padre se encargaba de enseñarle la Torá, además de darle ejemplo de cómo cumplir los mandamientos. En cambio, las niñas se quedaban al cuidado de la madre y aprendían a realizar las labores del hogar. Y este es el versículo que aprendían a temprana edad:

"Oye, Israel: Jehová nuestro Dios, Jehová UNO es".
Deuteronomio 6:4 RV60

Con el paso del tiempo los judíos desarrollaron un sistema educativo, porque los niños huérfanos no tenían quién les enseñara, y fue así que el rabino Shimon ben Shetaj aproximadamente en el año 70 A.C. afirmó que los niños que no podían ser enseñados por sus padres, deberían ir a la escuela para aprender la Torá.

Dicha enseñanza comprendía tres etapas:

El Bet Séfer que comenzaba a los seis años y aquí aprendían el alfabeto y la correcta pronunciación de la Torá, después continuaba la segunda etapa a los nueve o diez años en el Bet Talmud donde se les enseñaba la Torá oral y solo los que demostraban un talento especial para el estudio llegaban a la tercera etapa en el Bet Midrash a los doce o trece años y tenían que buscar un Rabino para seguirlo y aprender de él. Los que no eran aptos aprendían el oficio de su padre o familiar. Y algo interesante es que a partir de los doce o trece años se consideraba que los niños y niñas ya eran responsables de cumplir los mandamientos de la Torá.

Es curioso cómo esta práctica se sustituyó al darle validez oficial a los descubrimientos científicos, en lugar de continuar enseñando la Torá.

A continuación, cito lo que literalmente Dios le ordena al pueblo de Israel hacer de generación en generación.

"Estos, pues, son los mandamientos, estatutos y decretos que Jehová vuestro Dios mandó que os enseñase, para que los pongáis por obra en la tierra a la cual pasáis vosotros para tomarla;

para que temas a Jehová tu Dios, guardando todos sus estatutos y sus mandamientos que yo te mando, tú, tu hijo, y el hijo de tu hijo, todos los días de tu vida, para que tus días sean prolongados.

Oye, pues, oh Israel, y cuida de ponerlos por obra, para que te vaya bien en la tierra que fluye leche y miel, y os multipliquéis, como te ha dicho Jehová el Dios de tus padres.

Oye, Israel: Jehová nuestro Dios, Jehová uno es.⁵ Y amarás a Jehová tu Dios de todo tu corazón, y de toda tu alma, y con todas tus fuerzas.

Y estas palabras que yo te mando hoy, estarán sobre tu corazón;

y las repetirás a tus hijos, y hablarás de ellas estando en tu casa, y andando por el camino, y al acostarte, y cuando te levantes.

Y las atarás como una señal en tu mano, y estarán como frontales entre tus ojos;

y las escribirás en los postes de tu casa, y en tus puertas".

Deuteronomio 6:1-9 RV60

Después de conocer lo que Dios ordena que se haga ¿no crees, que debemos ser la generación que se vuelva a Dios de todo corazón y retome las enseñanzas del Creador para transmitirlas a nuestros hijos y comprobar cómo serán bendecidos por causa de su obediencia? El deseo de Dios es que cada familia enseñe a sus hijos que Dios existe y es el único Dios.

Yo espero que mientras lees este libro te puedas comprometer junto conmigo a poner en práctica las enseñanzas que Dios estableció para nosotros y se vuelva nuestro estilo de vida para que nuestras futuras generaciones hagan lo mismo.

Quisiera contarte que al empezar a escribir este libro, me dio tanto gusto descubrir que así como ha habido filósofos, científicos y pensadores que niegan la existencia de Dios, así también uno de los ateos más influyentes del mundo Anthony Flew fue convencido por las mismas evidencias científicas que detrás del origen del universo y de las leyes de la naturaleza hay una mente divina, por eso tituló a su último libro "Dios Existe" y si él se atrevió a escribir un libro para retractarse públicamente, eso nos debería motivar a enseñarle a nuestras generaciones que Dios es Real y sí Existe.

Hoy más que nunca creo firmemente que la inquietud de escribir un libro no proviene de mí, porque créeme, muchas veces he querido ignorar este deseo, un día tomaba una libreta y empezaba a escribir, otro día continuaba en la laptop, otro día grababa unas frases en audio y luego abandonaba la idea de escribir, sin embargo, algunas madrugadas me han despertado una serie de pensamientos como si me estuvieran dictando lo que tengo que escribir y para ser honesta, algunas veces me levantaba a hacer una anotación, pero otras solo me repetía a mí misma: *"¡son cosas tuyas, mejor duérmete!"*

Sin embargo, tan cierto como que Dios es real y aún sigue comunicándose con nosotros, me atrevo a contarte que finalmente el día que me senté frente a la laptop determinada a no posponer más esta misión imposible para mí, oré y ¿qué crees?, me llevó dos días escribir la primera página de la introducción, así que el tercer día decidí irme a trabajar con mi esposo y acompañarlo a hacer unos trámites, ese día me subí a la camioneta para llevar a mis hijos al colegio y cuando los dejé allí, encendí la radio y ¿sabes qué fue lo primero que escuché que mencionaba el comunicador? Pues él dijo lo siguiente: "Dios Existe". Te imaginarás mi asombro al escuchar esa frase así que le subí y presté más atención y seguido de esta frase dieron la noticia: Stephen Hawking había fallecido esa madrugada. Debo confesar que para mí fue una rotunda confirmación de continuar escribiendo y de investigar acerca de este científico, porque debo ser honesta contigo soy una perfecta ignorante acerca de la ciencia, de hecho fui pésima en la clase de física y química, pero hoy en día me asombra cómo Dios le permite a algunos cerebros brillantes descifrar algunos enigmas acerca de su maravilloso diseño. Y aunque tristemente algunos de esos cerebros inteligentes mueren negando la existencia de Dios, me entusiasma tanto saber que aún hay más que Dios quiere revelar a través de la ciencia y muestra de ello es que un niño de once años llamado William Maillis se graduó de la Universidad St. Petersburg College en los Estados Unidos porque posee un coeficiente intelectual maravilloso y se quiere dedicar a la astrofísica para demostrar que Stephen Hawking estaba equivocado. En una entrevista dijo: "Quiero mostrarle al mundo a través de la ciencia que Dios Existe".

Sé que me puedo meter en controversias de las cuales no tendría ni idea de cómo salir al abordar estos temas porque ni siquiera sé qué nivel de coeficiente intelectual tengo, solo sé que en mi mente nunca ha existido la más mínima duda de que Dios existe, así que no sé lo que es luchar con esa duda en la mente, yo, por el contrario, a los seis o siete años de edad recuerdo que desperté de un sueño, fui a la cocina y observé el cielo por la ventana y me hice la siguiente pregunta: "¿y si yo soy parte del sueño de alguien más?" Meses después llegaron a los departamentos donde vivía unas personas con un proyector y pasaron la película de Jesús y recuerdo vagamente que mencionaron algo acerca de que vendría hambre a la tierra y que los que quisieran irse con Dios no debían comer, y que los que comieran se irían con el diablo, así que a mi corta edad le dije a Dios que no comería para que mi familia y yo nos pudiéramos ir al cielo con Él. En mi caso, siempre he creído en Dios y me es familiar porque mi mamá me enseñó que Dios cuidaba de nosotras, casi te puedo asegurar que he sentido que Él me escucha más atentamente que cualquier mortal aquí en la tierra. Pero bueno, entiendo que no todos creen, podríamos decir que existen tres tipos de personas; los que creen, los que no y los que necesitan ver para creer y sobre estos últimos habló Jesús a sus discípulos cuando se les apareció después de haber resucitado. En el evangelio de San Juan se relata que cuando Jesús se les aparece, Tomás no estaba presente, de modo que cuando le platican los demás discípulos que Jesús había resucitado y que estuvo con ellos, él dice que no creerá a menos que pueda ver en sus manos la señal de los clavos y pueda meter sus dedos en lugar de los clavos y meter la mano en su costado. Después de esto pasaron ocho días y Jesús vuelve a aparecérseles estando ellos reunidos con las puertas cerradas y se dirige a Tomás para decirle que ponga su dedo y mire sus manos y que acerque su mano y la meta en su costado. Jesús le dice: "Tomás, no seas incrédulo, sino creyente". Entonces Tomás le responde: "¡Señor mío y Dios mío!" Y Jesús le dice: "Porque me has visto Tomás creíste; más bienaventurados los que no vieron y creyeron". ¡Qué fascinante declaración!, estas palabras de Jesús son las que describen mi condición y la condición de muchos que creemos y le amamos sin haberle visto, somos bienaventurados los que no lo hemos visto, pero creemos, y esto significa que somos más que felices. Creer que Jesús es el hijo del Dios Todopoderoso y que creó los cielos y la tierra nos produce una profunda alegría.

Algo que puedo ver en este relato es que Jesús a pesar de la incredulidad de Tomás, le visitó y le dio evidencia para que creyera porque el deseo del Padre es que todos crean y que nadie se pierda de la bendición que viene por creer. Por eso, Él aún sigue visitando a aquellos que necesitan evidencia para creer.

Tal fue el caso de Josh McDowell quien siendo ateo se convierte a Jesucristo por la evidencia que encontró en la misma historia y después de sus hallazgos escribió un libro el cual se titula *"Evidencia que exige un veredicto"*. Este libro ha sido traducido a varios idiomas y la revista *World* lo ha reconocido como uno de los mejores libros del siglo XX.

Tal vez al leer esta introducción pienses que el contenido de este libro tiene que ver con ciencia, pero lamentablemente no estoy capacitada para escribir de ciencia por eso quise hacer referencia de personas que sí lo están y que han escrito libros que puedes consultar, mi deseo es que puedas creer en el Dios real que siendo el que creó el universo con tanta sabiduría e inteligencia se manifiesta de forma tan sencilla si tan solo puedes creer.

"La exposición de tus palabras alumbra; hace entender a los simples".

Salmos 119:13 RV60

CAPÍTULO 1

UN DIOS REAL

"Él ya existía antes de todas las cosas"
Colosenses 1:15-17 NTV

En este primer capítulo me gustaría contarte por qué he titulado a este libro *Un Dios Real*. Me voy a remontar a una tarde de noviembre en el año 1998 cuando asistí a una reunión de la iglesia, recuerdo que la persona que estaba dando el mensaje era una mujer a la cual yo percibí con mucha autoridad de parte de Dios así que no quería ni acercarme al altar cuando ella hizo una invitación para ir hacia el frente, pero una chica que conocí allí mismo en la iglesia me agarró del brazo y me dijo: "¡vamos!", y las dos nos acercamos al altar y estando allí la predicadora empezó a hablar en un lenguaje que nunca había escuchado y de un momento a otro empecé a escuchar su voz de fondo, mientras yo le preguntaba a Dios en mi mente: *"Dios, ¿porque nunca me has hablado?"* E inmediatamente dejé de escuchar la voz de la predicadora en el micrófono porque ella se acercó a mi oído y me dijo: "Yo te amo, y siempre te he hablado, pero no con palabras audibles como tú me has querido escuchar". Mi siguiente pensamiento fue: *"Dios es real y conoce mis pensamientos"*, ¿por qué nadie me había contado que esto es posible? Tal vez sea posible que tú al igual que yo en ese momento aún no descubras cuán real es Dios.

Esto que te cuento sucedió hace más de dos décadas, sin embargo, no fue hasta el año 2017 que un día teniendo los ojos abiertos vi la portada de un libro con el título Dios es Real (*tuve que modificar el nombre porque, por mi retraso este título fue usado por un pastor*) y la imagen de la portada era la silla de un rey y una corona. Entonces me dije a mi misma: "*¡Claro! Dios es real, no solo porque existe, sino porque él es un Rey*". Entonces eso me animó a buscar el libro en internet porque pensé que tal vez el libro ya existía y lo que encontré fue información que desconocía a cerca de Anthony Flew y lo siguiente que hice fue buscar el significado de real y esto fue lo que aprendí: De esta definición pude concluir que Dios es alguien existente, que es rey y que además tiene un reino.

Ahora quisiera mostrarte lo que encontré en la Biblia:

EXISTE

"Cristo es la imagen visible del Dios invisible. Él ya existía antes de que las cosas fueran creadas y es supremo sobre toda la creación porque, por medio de él, Dios creó todo lo que existe en los lugares celestiales y en la tierra. Hizo las cosas que podemos ver y las que no podemos ver, tales como tronos, reinos, gobernantes y autoridades del mundo invisible. Todo fue creado por medio de él y para él. ÉL YA EXISTÍA antes de todas las cosas y mantiene unida toda la creación".

Col.1:15-17 NTV

ES REY

"¡El Señor es REY! Se viste de majestad. Ciertamente el Señor se viste de majestad y está armado con fuerza. El mundo permanece firme y no puede ser sacudido".

Salmos 93:1 NTV

REINO

"Sin embargo, el Altísimo no vive en templos hechos por manos humanas. Como dice el profeta: "El cielo es mi trono y la tierra es el estrado de mis pies. ¿Podrían acaso construirme un templo tan bueno como ese? Pregunta el Señor ¿Podrían construirme un lugar de descanso así? ¿Acaso no fueron mis manos las que hicieron el cielo y la tierra?"

Hechos 7:48-50 NTV

Como acabamos de leer, la Biblia afirma que Dios existe desde siempre y que es el Rey que habita en el cielo, y podemos confiar en lo que dice la Biblia porque ella misma declara ser inspirada por el Espíritu de Dios en 2 Timoteo 3:16.

Y aunque quizá no podamos probar que la Biblia es la palabra de Dios, pero como dice Josh McDowell en el primer capítulo del libro *"Evidencia que exige un veredicto"*; sí podemos declarar que: ¡La Biblia es única!, porque no existe otro libro que haya sido escrito por más de 40 autores de diferentes clases sociales, que haya tomado casi 1600 años terminarlo, que se haya escrito en tres continentes y en tres idiomas (Hebreo, Arameo y Griego) para luego ser traducido completo a 450 lenguas y de forma parcial a 2000, esto sin contar que a pesar de ser el libro más perseguido aun así, según el informe de las Sociedades Bíblicas Unidas hasta el 2015 se distribuyeron más de 34 millones de Biblias en todo el mundo.

Además, la Biblia es un libro que con su abstracta sencillez ha logrado transformar la vida de las personas sin importar status social, y esto es posible porque no es letra muerta, sino que la Biblia contiene palabra viva y eficaz que es como una espada de dos filos que puede penetrar hasta partir el alma y el espíritu, las coyunturas y los tuétanos y es capaz de discernir los pensamientos y las intenciones del corazón (Hebreos 4:12-13 RV60) Es por eso que quien la lee puede llegar a percibir que Dios mismo habla a su interior.

En mi caso leí la Biblia hasta que tenía como veinte años y para ser honesta, no entendía muchas cosas, pero lo que sí te puedo afirmar es que algunas palabras eran como imán que se adherían a mi mente y comenzaron a hacer eco dentro de mi cabeza. Espero que, si nunca has leído la Biblia, te animes a leerla y descubras por ti mismo que Dios es más real de lo que nos han contado y como dice Max Lucado, es muy probable que puedas oír cómo Dios susurra tu nombre.

Porque si al leer el libro escrito por un escritor te puede hacer adentrarte en su historia, imagina lo que la Biblia hará, ¡mira!, yo no sé qué tanto disfrutes leer, pero te puedo contar que, en mi experiencia, una ocasión en la que estaba leyendo Génesis y pude imaginar las escenas pensé: "*¡Wow, el espíritu de Dios hace que pueda leer una Biblia de texto, como si fuera* *una Biblia ilustrada!"* ¿Y sabes qué es lo mejor de todo? Que de un momento a otro pasas de ser un lector a sentir que tú formas parte de esa historia. Sí, sé que suena loco, pero así es y en capítulos más adelante retomaré este punto en particular porque la idea de este libro es que si todo lo que sabes acerca de Dios es religión, juntos podamos descubrir que Dios es mucho más que eso.

Primero que nada quisiera decirte que yo no soy teóloga, más bien, soy una persona que no trata de estudiar a Dios, sino que trata de conocerlo y reconocerlo como el Dios Todopoderoso, así que cuando leo la Biblia lo hago con temor y temblor pues sé que es la Palabra de Dios y aunque muchas veces no comprendo todo lo que leo, me consuela lo que dice **Deuteronomio 29:29 RV60** *"Las cosas secretas pertenecen a Dios; más las reveladas son para nosotros y para nuestros hijos para siempre, para que cumplamos todas las palabras de esta ley"*. Si tomamos en cuenta este versículo, nos evitaremos el desgaste de querer tener todas las respuestas acerca de Dios.

Por mi parte prefiero enfocarme en lo que nos revela la Biblia acerca de Dios, y es así como he podido comprobar que Dios mismo a través de su Espíritu guía mi aprendizaje acerca de Él, sin tanto esfuerzo. Es así como encontré estos tres versículos claves para este primer capítulo que le dan el fundamento al título del libro.

Col.1:15-17 NTV

Cristo es la imagen visible del *Dios invisible*. Él ya existía antes de que las cosas fueran creadas y es supremo sobre toda la creación porque, por medio de él, *Dios creó todo lo que existe* en los lugares celestiales y en la tierra. Hizo las cosas que podemos ver y las que no podemos ver, tales como tronos, reinos, gobernantes y autoridades del mundo invisible. Todo fue creado por medio de él y para él. <u>Él YA *EXISTÍA* antes de todas las cosas</u> y mantiene unida toda la creación.

En este versículo nos dice que:

a) Dios es invisible,
b) Dios existía antes de todas las cosas,
c) Dios es el creador de todas las cosas,
d) Cristo es la imagen visible del Dios invisible.

En ese versículo nos afirma que Dios existe y que Cristo, su hijo, es una imagen de Dios. Por eso Jesús les decía a los discípulos: *"el que me ha visto a mí ha visto al Padre"* (Juan 14:9 RV60) Pues bien, hasta aquí a mí me queda claro que Dios y el Hijo existen y han estado en el cielo junto con el Espíritu. Por eso encontramos que en el sexto día de la creación Dios dijo: "*<u>Hagamos</u> al hombre a nuestra imagen, conforme a <u>nuestra</u> semejanza*" esto quiere decir que Dios desde el principio estaba con el Hijo y con el Espíritu Santo.

En una ocasión Jesús les habló a sus discípulos sobre la vida eterna, y ellos murmuraban porque les parecían duras esas palabras, por eso Jesús les pregunta: "¿Esto les ofende?" Refiriéndose a la enseñanza y les dice: *"¿Pues qué, si viéreis al Hijo del Hombre subir donde <u>estaba primero?</u>"* (Juan 6:60.66 RV60)

De la misma manera, en que Jesús menciona que él estaba con el Padre en el cielo, así también les dice a los discípulos que el Padre enviaría al Consolador, el Espíritu Santo (Juan 14:26 RV60). Y con esta declaración podemos entender que el Espíritu también estaba con el Padre en el cielo en el principio.

Ya que hemos visto que la Biblia dice que Dios existe desde la eternidad junto con el Hijo y el Espíritu Santo, espero que puedas disponer tu corazón para dejar que sea el mismo Espíritu de Dios quien traiga convicción a tu espíritu de las verdades espirituales que Dios nos ha dejado como herencia si tan solo podemos creer.

Pero creo importante advertirte que, así como Dios existe, hay un enemigo que desea arrancarnos la bendición de esa herencia preparada para nosotros desde el principio.

Para ello debemos leer lo que dice Génesis 1:27-28 RV60 *"Y creó Dios al hombre a su imagen, a imagen de Dios lo creó; varón y hembra los creó. Y los bendijo Dios, y les <u>dijo: Fructificad y multiplicaos; llenad la tierra, y sojuzgadla, y señoread en los peces del mar, en las aves de los cielos, y en todas las bestias que se mueven sobre la tierra".</u>*

Aquí en estos dos versículos encontramos que Dios al crear al varón y la hembra les comisionó una labor que comprendía varios aspectos:

1) Fructificar: que significa dar fruto o buen rendimiento.
2) Multiplicar: fecundar para llenar la tierra
3) Sojuzgar: Dominar
4) Señoread: disponer de las cosas como si fueran suyas.

En este versículo vemos claramente lo que Dios le dijo al hombre y la mujer que debían hacer, pero, así como les dijo qué hacer, también les dijo lo que _no_ debían hacer.

En Génesis 2:17 RV60, leemos el mandato que Dios les da: "*más del árbol de la ciencia del bien y del mal no comerás; porque el día que de él comieres, ciertamente morirás*".

Esta es la historia que nos cuentan desde pequeños y nos dicen que Adán y Eva pecaron al comer del fruto del árbol que Dios les había dicho que _no_ debían comer, pero yo quisiera que fuéramos años atrás, antes de la creación, porque creo conveniente desenmascarar al que está detrás del pecado, en el relato del pecado de Adán y Eva aparece una serpiente parlante muy astuta que logra influenciar a Eva para que desobedezca a Dios.

Quisiera que entendiéramos que cuando se refiere a la serpiente en realidad está mencionando al diablo, para esto podemos leer lo que dice **Apocalipsis *12:9* RV60** "*Y fue lanzado fuera el gran dragón, la serpiente antigua, que se* *llama diablo y Satanás, el cual engaña al mundo entero; fue arrojado a la tierra, y sus ángeles fueron arrojados con él".* Si continuamos leyendo vemos que efectivamente la serpiente engaña con su astucia a la mujer al decirle que no morirá si come del fruto, sino que al comerlo será como Dios, sabiendo el bien y el mal, pero, eso *no* fue lo que Dios dijo.

Pues tal como en el principio, el diablo aún sigue usando la misma artimaña para incitarnos a hacer totalmente lo contrario a lo que Dios dijo porque él es mentiroso como lo dice en *Juan 8:44c BLA "Cuando habla mentira, habla de su propia naturaleza, porque es mentiroso y el padre de la mentira".* Hasta el día de hoy sigue infiltrando sus mentiras para hacernos creer que podemos ser como Dios, porque su deseo es ser como Dios y recibir la misma adoración que Dios recibe y precisamente por su rebelión fue arrojado junto con la tercera parte de los ángeles que adoraban a Dios (Apocalipsis 12:4). Y así como el diablo se le apareció a Eva para conversar acerca de lo que Dios le había dicho, así también lo hizo con Jesús cuando estuvo en el desierto:

"Entonces Jesús fue llevado por el Espíritu al desierto, para ser tentado por el diablo. Y después de haber ayunado cuarenta días y cuarenta noches tuvo hambre. Y vino a él el tentador y le dijo: Si eres Hijo de Dios, di que estas piedras se conviertan en pan. Él respondió y dijo: Escrito está: No solo de pan vivirá el hombre, sino de toda palabra que sale de la boca de Dios. Entonces el diablo le llevó a la santa ciudad, y le puso sobre el pináculo del templo, y le dijo: Si eres Hijo de Dios, échate abajo; porque escrito está: A sus

ángeles mandará acerca de ti, y, en sus manos te sostendrán para que no tropieces con tu pie en piedra. Jesús le dijo: Escrito está también: No tentarás al Señor tu Dios. Otra vez le llevó el diablo a un monte muy alto, y le mostró todos los reinos del mundo y la gloria de ellos, y le dijo: <u>Todo esto te daré, si postrado me adorares.</u> Entonces Jesús le dijo Vete, Satanás, porque escrito está: Al Señor tu Dios adorarás y a él solo servirás. El diablo entonces le dejó; y he aquí vinieron ángeles y le servían".

Mateo 4:1-11 RV60

Puedes ver como Satanás sigue usando la misma estrategia que usó con Adán y Eva, él se aparece justo después de que Dios ha hablado, y lo hace para sembrar duda y confusión acerca de lo que Dios dijo. Y si lo hizo con Jesús, créeme que también buscará la manera de confundirnos cuando Dios nos hable, quizá ahora mismo esté tratando de sembrar dudas acerca de lo que estás descubriendo de Dios, pero al igual que Jesús nosotros podemos derribar los argumentos que se levanten contra el conocimiento de Dios, y podemos llevar cautivos esos pensamientos a la obediencia de Cristo. Así como Jesús se defendió con la misma palabra de Dios, nosotros podemos defendernos de sus engaños y ordenarle que se vaya y él nos dejará.

El deseo de Satanás al engañarnos es que nosotros no obedezcamos lo que Dios dijo, pues él sabe bien que la obediencia trae bendición, por eso hace todo lo posible para que caigamos en desobediencia y suframos la consecuencia de revelarnos en contra de la voluntad de Dios.

Por ejemplo, la consecuencia para la serpiente fue que tendría que arrastrarse y que habría enemistad entre ella y la mujer y sus descendientes y que un hijo suyo le aplastaría la cabeza. (haciendo alusión a Cristo) Génesis 3:15.

La consecuencia para la mujer sería que tendría a sus hijos con muchos dolores y por causa de la desobediencia del hombre maldijo la tierra y le impuso arduo trabajo para poder conseguir el alimento. (Génesis 3:16-19). Además de eso, Dios ya no les permitió permanecer en el Edén.

Ahora me gustaría mostrarte el relato acerca de la desobediencia de Eva y Adán, no sin hacer hincapié en que el primero en desobedecer a Dios y revelarse en su contra fue el diablo y a partir de su caída, él sigue ejerciendo influencia para que los seres humanos no obedezcan los mandatos de Dios. Espero que esto nos alerte y podamos inclinarnos a oír lo que Dios dice, para no dejarnos envolver en sus astutos engaños.

"Pero la serpiente era astuta, más que todos los animales del campo que Jehová Dios había hecho; la cual dijo a la mujer: Conque Dios os ha dicho: ¿No comáis de todo árbol del huerto? Y la mujer respondió a la serpiente: Del fruto de los árboles del huerto podemos comer; pero del fruto del árbol que está en medio del huerto dijo Dios: No comeréis de él, ni le tocaréis, para que no muráis. Entonces la serpiente dijo a la mujer: No moriréis, sino que sabe Dios que el día que comáis de él, serán abiertos vuestros ojos, y seréis como Dios, sabiendo el bien y el mal. Y vio la mujer que el árbol

era bueno para comer, y que era agradable a los ojos, y árbol codiciable para alcanzar la sabiduría; y tomó de su fruto, y comió; y dio también a su marido, el cual comió, así como ella".

Génesis 3:1-7 RV60

Este relato solo fue el comienzo de la desobediencia, si continuamos leyendo el libro del Génesis nos podemos dar cuenta de que la rebelión continuó en las siguientes generaciones, leemos que Caín mató a su hermano Abel, porque le enojó mucho que Dios aceptara con agrado su ofrenda y la de él no. (Génesis 4:4-8). Luego los hombres llegaron a multiplicarse tanto y así como crecían en número, así aumentaba la violencia, por eso al ver Dios que la maldad de los hombres era mucha en la tierra, y que todo designio de los pensamientos del corazón de ellos era constantemente el mal, se arrepintió de haber hecho al hombre en la tierra, y le dolió en su corazón. Y dijo: "raeré de sobre la faz de la tierra a los hombres que he creado, desde el hombre hasta la bestia, y hasta el reptil y las aves del cielo; pues me arrepiento de haberlos hecho" (Génesis 6:5-7 RV60). Pero antes de acabar con todo, Dios escoge a un hombre llamado Noé porque vio que era justo (Génesis 6:9), y por eso lo salva a él y a su familia en un arca y cuando acaba el diluvio, nuevamente Dios permite que Noé y su familia se multipliquen y fue así como volvieron a poblar la tierra. Luego surge el primer poderoso en la tierra llamado Nimrod y por mandato de él empezaron a construir una torre que llegara hasta el cielo, pero al ver la arrogancia de ellos, Dios les confundió el lenguaje y los esparció por toda la tierra. Así continuaron multiplicándose las generaciones hasta llegar a Abraham a quien Dios le pide que deje su tierra y a su parentela para ir a otra tierra que él le mostraría, porque haría que de él surgiera una gran nación. Y entonces nuevamente vemos que la Biblia menciona que en Sodoma los hombres eran malos y pecadores contra Dios en gran manera. Y Dios acaba con aquel lugar, pero salva a Lot el sobrino de Abraham porque este al enterarse de que venía la destrucción para ese lugar, Abraham intercede por Lot ante Dios.

Y así podría seguir mencionando todas las veces en que los hombres decidieron revelarse en contra de lo establecido por Dios, aun cuando sabían que eso les traería consecuencias. Esto ratifica lo que Dios mismo dijo: *"los hombres tienden a hacer lo malo"*.

Sin embargo, el amor de Dios es tan incondicional que no depende de nuestro buen comportamiento para amarnos, Él nos ama porque es nuestro creador, no hay ningún pecado que nos pueda separar para siempre de su gran amor, Él sigue amándonos aun cuando estamos en pecado. En el libro de Génesis se relatan las cosas terribles que hicieron los seres humanos y aun así Dios continuó saliendo al encuentro de ellos para mostrarles su misericordioso amor.

Antes de concluir este capítulo quisiera contarte muy brevemente algo que me llama la atención acerca de Dios. Al leer del Génesis al libro de Deuteronomio descubro a un Dios que en más de una ocasión escoge a un hombre para comunicarse y revelarle su deidad con el propósito de que esa persona lo cuente a sus siguientes generaciones.

Por ejemplo, cuando Dios se revela a Abram le cambia el nombre por Abraham y le dice que le dará un hijo y que de él saldrán naciones y le promete bendecirlos con una tierra donde hay abundancia y Dios cumple su promesa. Pero llega un momento en el que las siguientes generaciones se olvidan de buscar al Dios que los bendijo y no lo buscan para consultarlo, así que terminan siendo esclavos en Egipto, y aunque ellos no buscaban a Dios, Dios continuaba favoreciéndolos con fuerza y vigor para seguir multiplicándose. Se multiplicaban tanto que por eso Faraón se sintió amenazado al ver como crecían en número y fuerza. Así que ordenó que incrementaran su trabajo y que además mataran a los hijos varones que les nacieran. Pero justo en ese momento cuando un líder de gobierno dijo: "que mueran los hijos varones". Dios permite que nazca un varón al cual llamarón Moisés y Dios no solo preserva su vida, sino que lo escoge como el siguiente hombre a quien usaría para revelarle al pueblo su poder y autoridad.

Al principio el pueblo acepta a Moisés como guía y líder espiritual, incluso prometen cumplir con los mandamientos que Dios les dio a través de él, pero llega un momento en el que se rebelan y Dios se enoja y envía serpientes para que mueran; al ver esto, el pueblo va con Moisés y confiesan que han pecado y le piden que ore a Dios para que los perdone y así lo hace Moisés. Entonces Dios le dice a Moisés que levante una serpiente de bronce en una asta y que esto serviría para sanar a quienes hayan sido mordidos por la serpiente. Todo lo que tenían que hacer era mirar hacia la serpiente y quedarían sanados.

La Biblia está llena de simbología y esta es una de ellas, la serpiente de bronce simboliza a Jesucristo, nosotros somos como el pueblo de Israel que hemos pecado, pero la buena noticia es que Dios envió a Jesús para que seamos sanados del pecado y no muramos en el desierto porque hay una tierra prometida a la cual nos quiere introducir.

Espero que puedas ver cómo el amor de Dios es Real e incondicional, porque a pesar de que el pueblo no obedecía, aun así Él les daba otra oportunidad. Si tú estás leyendo este libro, quizá sea la oportunidad que Dios está tendiendo delante de ti para acercarte a la cruz y encontrarte con su mirada de amor y salvación.

"Por lo cual, como dice el Espíritu Santo:
Si oyereis hoy su voz,
No endurezcáis vuestros corazones,
Como en la provocación, en el día de la tentación
En el desierto"

Hebreos 3:7-8 RV60

CAPÍTULO 2

CUERDAS DE AMOR

"Guíe a Israel con mis cuerdas de ternura y amor"…
Oseas 11:4 NTV

Ahora que conozco la historia del pueblo de Israel, puedo ver que yo era igual. Porque a pesar de haber escuchado y repetido tantas veces los diez mandamientos eso nunca produjo en mí el deseo de obedecerlos. No fue hasta que Dios me salió al encuentro para tender sus cuerdas de amor que me acerqué y pude sentir sus brazos de amor rodeándome. Y a partir de ese momento su gracia me reveló a un Dios Real que es asombrosamente amoroso.

Cuando Dios me salió al encuentro convirtió ¡un día ordinario en un día extraordinario!, y cambió el rumbo de mi vida y mi destino. En ese momento, recibí todo el amor de un Dios en el que ya creía que existía, pero que no imaginaba que pudiera ser tan real como para salir a buscarme. No creí que estuviera interesado en mí, no creí que Él supiera lo que estaba pasando dentro de mí. Porque, aunque en ese entonces era una joven profesionista independiente de 24 años que disfrutaba de la libertad, me sentía atrapada en una cárcel. Sentía que mis pensamientos me atormentaban e intentaban dirigirme hacia el suicidio. Porque ni alcanzar metas personales, satisfacía mi alma. Recuerdo noches enteras sin poder dormir, con una sensación de insatisfacción que me provocaba severas crisis de migraña. Ahora que veo hacia atrás puedo ver que Dios estuvo conmigo siempre, pero yo no lo percibía. Por ejemplo, quince días antes del encuentro en el que caería el velo que me impedía ver y oír. Me sucedió lo siguiente:

Mis tíos me invitaron a una iglesia y yo recuerdo que al entrar me sentí tan incómoda, no entendía qué me estaba pasando y ahora mientras trato de relatar ese día, viene a mi mente la escena de la película del Grinch cuando escucha cantar a los aldeanos y él empieza a llorar y no entiende qué le sucede y le dice a su perro; "¡Max estoy sintiendo!". Bueno así estaba yo ese día. Mientras todos cantaban alegremente yo empecé a sentir algo que me hizo llorar. Pero como estaba acostumbrada a dejarme guiar por la razón, lo que hice fue salirme y quedarme en el carro esperando hasta que salieran mis tíos. En ese tiempo yo estaba dando clases en una universidad y yo no me imaginaba que Dios había armado un complot para acercarme a Él, pues curiosamente en uno de los salones había un alumno que con el tiempo se convirtió en un amigo y mentor espiritual, y un día me invitó al cumpleaños de un amigo suyo y yo acepté, pero llegado el día de la fiesta yo no quería ir porque traía un tremendo dolor de migraña. La verdad no quería ir a la fiesta, pero de todas maneras me ofrecí a llevarlo hasta la casa de su amigo porque me quedaba de paso. Cuando llegamos, él insistía en que me bajara para que conociera a sus amigos, pero yo le dije que me disculpara, pero que no aguantaba el dolor de cabeza, y él se ofreció a orar por mí, pero yo no quise.

Finalmente entré a la fiesta y para mi sorpresa, había jóvenes que se comportaban diferente, jugaban, reían, oraron dando gracias a Dios por el cumpleaños de su amigo y por los alimentos. En fin, terminé retirándome de la fiesta hasta casi la una de la mañana porque se me quitó el dolor de migraña y me divertí mucho.

Luego al día siguiente fui a una fiesta de disfraces porque era sábado 31 de octubre y recuerdo que mientras estaba allí observando a los concursantes, una pareja llamó mucho mi atención porque estaban disfrazados de novios, pero con cola y cuernos del diablo. Y llego un momento en el que empecé a comparar la fiesta del día anterior con lo que estaba en ese lugar, y pensaba que cómo era posible que en la otra fiesta no me hizo falta alcohol ni cigarros para estar a gusto, y, en cambio, en ese lugar me sentía vacía, salí de la fiesta y me fui a dormir. A la mañana siguiente mi tía me invita a la iglesia, <u>pero esta vez no entré a la iglesia, sino que fue como si la iglesia entrara en mí</u>. De repente comencé a sentirme como en casa y los jóvenes se portaron superatentos. Ellos estaban programando un viaje misionero, así que me apunté para ir con ellos y además ese mismo domingo iban a presentar una obra en la tarde. Así que también fui a la segunda reunión de ese mismo día. Sin saber que a través de lo que esos jóvenes habían preparado, yo podría ver por primera vez la obra espiritual que Jesús hizo por mí.

Ellos escenificaron la canción que se llama "En el nombre de Jesús" de Miguel Casina y quiero incluir la letra porque para mí, fue un despertar espiritual.

Jesús fortaléceme, ayúdame Señor
porque la lucha es tan fuerte
Y yo siendo tan débil para pelear,
Dame sabiduría, lléname de tu poder,
Dime cómo vencer las tentaciones
Porque he fallado.
Me es fácil hacer cosas que no debo hacer
Y esta es la batalla de todos los días,
Aunque reconozco Señor que he dejado de orar
Y leer tu palabra.
Por eso me siento desprotegido,
Los dardos del enemigo me han herido.
Pero en este momento y en este lugar
Yo te pido con todo mi corazón que me perdones
Que sanes mis heridas y me levantes
Una vez más en tu luz
Para poder pelear, pero ahora no en mis fuerzas
Sino EN EL NOMBRE DE JESÚS.

De pronto me encontré en una batalla,
La cual pensé que no podría ganar,
Me sentí débil y muy confundido,
Satanás me quería derrotar y él me dijo:

No sabes que yo fui el que crucifiqué a Jesús

Y que públicamente lo exhibí en una cruz,
Soy el príncipe de este mundo,
pues demostré mi dominio y mi poder
y tú siendo tan debilucho
¿Crees que me vas a vencer?

De pronto me encontré en una batalla
La cual pensé que no podría ganar
Pero levanté mi voz a JESUCRISTO
Si Él pelea conmigo, ¿Quién me vencerá?
Y él me dijo:

JESÚS:
Recuerda hijo mío, yo ya vencí por ti
Y cuando tú peleas, solo es porque te apartas de mí
Pero HOY te digo LEVÁNTATE en mi nombre
Que es sobre todo nombre
Ponte la armadura para que puedas resistir
Saca la espada del Espíritu que es la palabra que te di,
Y pelea hijo mío, pelea sin temores; es cierto
Satanás es el príncipe de este mundo
Pero yo soy el Rey de Reyes y Señor de Señores.

Satanás vencido estas en el nombre de Jesús,
En el nombre de Jesús.

La Biblia dice: Fiel es Dios y no me dejará
Ser tentado más de lo que pueda soportar,
Y si con tentación me quieres atacar, la salida

Él me dará con poder y autoridad.

*Y fue JESÚS quien te exhibió y te derrotó
A tus huestes y potestades Él las aplastó
Porque Él murió, pero resucitó por mi
Y esto solo fue el principio de tu fin.*

*Y HOY ROMPO LAS CADENAS DEL PECADO QUE ME ATABAN
EN EL NOMBRE DE JESÚS, PUES ÉL ME HA DADO AUTORIDAD
Y ESTÁS BAJO MIS PIES, EN EL NOMBRE DE JESÚS.*

¡SATANÁS VENCIDO ESTÁS!

Esta es la letra del drama, pero ahora quiero describirte cómo lo escenificaron porque eso fue lo que me impactó.

En escena aparecían varios muchachos, uno de ellos estaba con una Biblia en sus manos y estaba orando, luego se aparecía otro joven con una mascara de satanás y junto con él venían otros chicos que vestían de negro y representaban los vicios como el alcohol, cigarro, etc. y empezaban a atacarlo, entonces aparece un joven representando a Jesús y el joven que estaba orando vuelve a orar y se caen las cadenas que lo estaban atando…para este momento yo me veía en el lugar de ese muchacho y era como si yo estuviera siendo liberada. Cuando terminó la obra, el pastor de la iglesia nos invitó a pasar al frente y sentí como si Dios hubiera cambiado unas cadenas por unas cuerdas de amor.

CAPÍTULO 3

RENACE

*…"A menos que nazcas de nuevo,
no puedes ver el reino de Dios".*
Juan 3:3 NTV

Después de la experiencia que te acabo de relatar en el capítulo anterior, lo que vino en los días siguientes fue un gozo inexplicable, la iglesia se volvió mi lugar favorito. Traté de estar en todas las reuniones que hacían entre semana porque para mí no era suficiente asistir solo los domingos. Y te preguntarás qué tanto hacía en la iglesia, pues empecé a conocer a Jesús a través de las enseñanzas. Recuerdo que empecé a comprar libros, cds de alabanza y adoración y me despertaba en las madrugadas a orar y a leer la Biblia y como supe que había una estación de radio cristiana la tenía sintonizada todo el tiempo en mi cuarto, en mi carro, en la radio que estaba en la cocina, porque la cocina se volvió mi punto de reunión con Dios en las madrugadas.

Podría decir que me empecé a comportar como un bebé espiritual que buscaba leche cada tres horas, y que lloraba porque quería estar en los brazos de su madre, en realidad nadie me dijo que debía actuar así, sin embargo, la nueva naturaleza me hacía actuar como un bebé.

Una de las cosas que aprendí durante esa etapa fue lo que Jesús le enseñó a Nicodemo acerca del nuevo nacimiento.

Jesús le dijo que los que quieran ver el reino de Dios, necesitan nacer de nuevo. Y como Nicodemo no había entendido a qué se refería Jesús, entonces le preguntó que si se podía entrar por segunda vez al vientre de su madre para volver a nacer. Pero Jesús en realidad se estaba refiriendo a un nacimiento espiritual.

"Lo que es nacido de la carne, carne es; y lo que es nacido del Espíritu, espíritu es".

Juan 3:6 RV60

La verdad es que hoy entiendo que el nacimiento espiritual es tan natural como el nacimiento en la carne. Llegado el momento de nacer simplemente nacemos.

Cuando me puse a meditar acerca de los temas en los que Dios me mostró lo real que es, el de "nuevo nacimiento" fue uno de los que no podía dejar de incluir porque la idea principal de este libro no es contarte mi historia, sino dar testimonio de cómo Dios se volvió muy real en mi día a día y cómo desea convertirse en un Dios cotidiano en tu vida también.

Quiero ponerte una ilustración muy simple para transmitirte lo que el espíritu de Dios me enseñó acerca de RENACER.

> *"Bendito el Dios y Padre de nuestro Señor Jesucristo, que según su gran misericordia nos hizo RENACER para una esperanza viva, por la resurrección de Jesucristo de los muertos".*
>
> **1 Pedro 1:3 RV60**

Así como es necesario que un espermatozoide fecunde un óvulo para que se produzca un embrión, de la misma manera para que se produzca nuestro embrión espiritual requerimos que caiga ese espermatozoide el cual es la palabra de Dios. *"Así que la fe es por el oír, y el oír por la palabra de Dios"* (Romanos 10:17 RV60) "Él, de su voluntad, nos hizo nacer por la palabra de *verdad"*. (Santiago 1:18 RV60) *"los cuales no son engendrados de sangre, ni de voluntad de carne, ni de voluntad de varón, sino de Dios"* (Juan 1:13 RV60).

De la misma manera que nacemos, también hay un nacimiento espiritual por eso Jesús mencionó que era necesario nacer de nuevo. Solo naciendo de nuevo podemos empezar a ver el reino de Dios. Es decir, hasta que escuchamos el mensaje y lo creemos es cuando renacemos a la esperanza de una vida eterna con Dios. Pero, así como no todos los millones de espermatozoides fecundan el óvulo, solo uno, lo mismo sucede en el ámbito espiritual, aunque escuchemos muchos mensajes, solo se requiere de uno que produzca fe en nuestro interior para nacer del espíritu.

Recuerdo que en una ocasión pasé todo el día con una amiga y ella estuvo muy interesada en saber más acerca de Jesús así que me hacía preguntas y yo le respondía de acuerdo a mi experiencia personal con Jesús, no con teología, sino que solo le conté lo que sabía acerca de Jesús por experiencia propia. Cualquiera pudo haber aprovechado la ocasión para guiarla en una oración de fe para que recibiera la salvación, sin embargo, yo solo le sugerí una canción. Y para mi sorpresa ella no solo escuchó la canción a solas, sino que fue sensible a la voz del Espíritu que tocaba a su puerta y ella lo dejó entrar. Y a través de esa experiencia el Espíritu de Dios me enseñó claramente cómo es Él quien trae la convicción para que una persona reconozca genuinamente que ha pecado contra Dios y entonces puede sentirse arrepentido y estar preparado para nacer de nuevo. Porque la realidad es que, Él nos conoce mejor que nadie y sabe cómo tratarnos a cada uno. Sin embargo, algunas veces queremos ayudarle al Espíritu y tratamos de forzar el nacimiento prematuramente. Yo creo que solo el Espíritu de Dios es el que puede impulsar a una persona a correr para unirse a Dios tal como lo hace el espermatozoide que corre hacia el óvulo para ser fecundado y en ese momento queda implantada la palabra y produce un nuevo nacimiento.

Yo te podría incluir aquí una breve oración para que la repitas, pero estoy convencida de que si la convicción proviene del Espíritu Él te guiará.

"Por lo cual, desechando toda inmundicia y abundancia de malicia, recibid con mansedumbre la palabra implantada, la cual puede salvar vuestras almas".
Santiago 1:21 RV60

La maravillosa noticia es que después de nacer de nuevo, Dios nos reconoce como sus hijos.

"Mas a todos los que le recibieron, a los que creen en su nombre, les dio potestad de ser hechos hijos de Dios" **(Juan 1:12 RV60).** *"En amor habiéndonos predestinado para ser adoptados hijos suyos por medio de Jesucristo, según el puro afecto de su voluntad"* **(Efesios 1:5 RV60)**

Es así como somos trasladados a la familia de Dios.

Y al convertirnos en hijos tenemos acceso a una herencia que está disponible desde el primer momento.

"En él también vosotros, habiendo oído la palabra de verdad, el evangelio de vuestra salvación, y habiendo creído en él, fuisteis sellados con el Espíritu Santo de la promesa, que es las arras de nuestra herencia hasta la redención de la posesión adquirida, para alabanza de su gloria". **(Efesios 1:13-14 RV60)**

El mismo Espíritu de Dios viene a morar dentro de nosotros, esta es nuestra mayor herencia y es a través de Él que empezaremos a vivir una nueva vida en Cristo y esto emanará de dentro de nosotros, empezaremos a desear las cosas espirituales, así como los bebés desean la leche materna.

"Desead, como niños recién nacidos, la leche espiritual no adulterada, para que por ella crezcáis para salvación" **(1 Pedro 2:2 RV60).**

Justo por estos días mientras preparo este capítulo me encontré con una noticia que me impactó mucho, porque no podía creer cómo una mujer embarazada entró a un baño público para dar a luz a su bebé y lo abandonó en la bolsa de la basura. Afortunadamente el bebe fue rescatado inmediatamente por unas personas que estaban cerca de ese lugar, así que ellos lo sacaron y lograron no solo salvarle la vida, sino cambiar su destino. Y aunque ellos no se encargaron de su cuidado por largo tiempo, fueron una pieza clave para evitar su muerte. En sentido figurado esto es algo que he visto que sucede con los nuevos creyentes, nacen y luego se les abandona sin darles los cuidados necesarios para que crezcan. Yo espero que no sea tu caso, pero si naciste de nuevo y nadie quiso cuidar de ti, yo te ruego que no permitas que esa mala experiencia te aleje del Dios que aún te conserva con vida porque te ama y porque aún no ha terminado su plan para ti.

Por eso quiero animarte a orar para que le pidas a Dios que te guíe a un lugar donde te ayuden a conocer más a Jesús y que además te puedan acompañar en tu crecimiento espiritual. Por supuesto que podrías elegir caminar este sendero solo, pero te aseguro que acompañado será mucho mejor la experiencia. De hecho, cuando estamos en comunidad es más fácil descubrir nuestros dones, talentos y habilidades y, además, al ponerlos al servicio de la comunidad vamos identificando que área nos apasiona más. Si lo haces, te puedo asegurar que tu vida nunca más volverá a ser igual.

CAPÍTULO 4

LA CARRERA DE LA VIDA

"Puestos los ojos en Jesús, El autor y consumador de la fe"…
Hebreos 12:2 RV60

En el capítulo dos te relaté como fue mi experiencia el día que Jesús se reveló a mí como mi Salvador. Ahora quisiera contarte cómo de forma inexplicable entró en mí una sensibilidad para percibir a Dios como nunca antes, y esto no significa que Dios no hubiera estado conmigo siempre, sino que me hacía falta que entrara junto con la salvación esa sensibilidad dada por el Espíritu para percibir lo que es del Espíritu y sé que esto suena a locura y la verdad sí es locura para los que aún no ha nacido de nuevo. La Biblia lo explica de la siguiente manera: *"Pero el hombre natural no percibe las cosas que son del Espíritu de Dios, porque para él son locura, y no las puede entender, porque se han de discernir espiritualmente"* (1Corintios 2:14 RV60). Empezar a discernir no es una habilidad que tú puedes conquistar en tus fuerzas y mucho menos con tu razonamiento, es un don dado por el mismo Espíritu de Dios al convertirte en su hijo y con el paso del tiempo se va desarrollando.

He descubierto que Dios está tan interesado en manifestarse a nosotros, por eso Él empieza a llamar nuestra atención. Recuerdo que una semana después de haber rendido mi vida a Jesús, me fui a un viaje misionero con el grupo de jóvenes, y cuando estaba en el camión, uno de los jóvenes se acercó a mí y empezó a platicar conmigo y recuerdo perfectamente que me dijo: "nosotros no somos perfectos, aún aquí en la iglesia cometemos errores, pero tú pon tus ojos en Jesús", yo lo escuché con atención, pero lo que me marcó ese día es que durante el trayecto, otros dos jóvenes que platicaron conmigo me dijeron las mismas palabras "pon tus ojos en Jesús". Esas palabras retumbaban en mi cabeza como si fueran una alerta.

En ese momento solo me llamó la atención la insistencia del consejo que esos tres jóvenes me dieron, pero con el paso del tiempo entendí que Dios lanzó una palabra Rhema a mi espíritu porque Él sabe el poder que tiene una palabra Rhema porque esta se implanta en nuestro espíritu y nos sustenta. Gracias a esa palabra te puedo decir que he podido continuar mi carrera de la vida con mis ojos puestos solo en Jesús.

Estoy segura de que Dios ya ha comenzado a llamar tu atención desde hace tiempo, si no fuera así dudo mucho que estuvieras leyendo este libro. Así que si detectas que Él te está buscando te animo a comenzar cuanto antes en esta carrera. Aunque creo conveniente advertirte que esta no es una carrera de velocidad para ver quién llega primero, sino que es una carrera de resistencia.

En el primer versículo del capítulo 12 de Hebreos nos aconseja que corramos con paciencia la carrera que tenemos por delante, y en 1 Corintios 9:24 TLA nos dice: *"Ustedes saben que, en una carrera, no todos ganan el premio, sino uno solo. Pues nuestra vida como seguidores de Cristo es como una carrera, así que vivamos bien para llevarnos el premio"*. Y en Filipenses 3:14 TLA *"Así que sigo adelante, hacia la meta, para llevarme el premio que Dios nos llama a recibir por medio de Jesucristo"*. En estos tres versículos encontré que nuestro caminar con Cristo se asemeja a una carrera atlética y pensar en ello me hizo llegar a la siguiente conclusión: ¡necesito la disciplina de una atleta si quiero llegar a la meta!

Así como un atleta que va a participar en los juegos olímpicos se debe preparar, entendí que yo debía adoptar ciertas disciplinas que me ayudaran a mantenerme en esta Carrera de la Vida. Por ejemplo, al pensar en las disciplinas básicas de un atleta, pude ver que la alimentación y el ejercicio forman parte esencial de su entrenamiento.

Entonces hice parte de mi entrenamiento tres disciplinas que creo son fundamentales para todo seguidor de Cristo y quisiera compartirlas contigo:

1) ALIMENTO ESPIRITUAL

Aún antes de rendirle mi vida a Cristo, ya había empezado a leer una Biblia que un par de jóvenes nos regalaron, nunca más volvimos a ver a esos muchachos, todo lo que recuerdo es que tocaron la puerta, abrimos y ellos nos entregaron esa Biblia. Cuando la leí por primera vez, empecé de atrás, así que me encontré con el Apocalipsis, así que para cuando terminé de leer esos 22 capítulos no sabía qué pensar. Pero continué leyendo Proverbios y al llegar a Proverbios 3:5-7 sentí como si estuviera escrito para mí, luego en Salmos me paso igual al encontrarme con el Salmo 32:8 era como si esas palabras se hubieran adherido a mi mente, te platicaré más a detalle sobre esa experiencia en el siguiente capítulo. Por ahora solo quisiera decirte que cuando hacemos de la lectura de la Biblia una disciplina espiritual tenemos garantizado el éxito en todo lo que hagamos. Mira lo que dice Josué 1:8 RV60 *"Nunca se apartará de tu boca este libro de la ley, sino que de día y de noche meditarás en él, para que guardes y hagas conforme a todo lo que en él está escrito; porque entonces harás prosperar tu camino y todo te saldrá bien"*. La Biblia es más que un libro, es un alimento mira lo que Dios le aconsejo al profeta Ezequiel: *"Y me dijo: Hijo de hombre, alimenta tu vientre, y llena tus entrañas de este rollo que yo te doy. Y lo comí y fue en mi boca dulce como miel"* (Ezequiel 3:3 RV1960). Dios desea alimentarnos con su palabra por eso nos ha dejado a su Espíritu para que cuando leamos, no sea solo una lectura intelectual para adquirir conocimiento, sino que al leerla seamos nutridos y fortalecidos en nuestro espíritu. Cuando Jesús resucitó se les apareció a los once discípulos y ellos estaban asustados y Jesús les abrió el entendimiento para que comprendieran las Escrituras. (Lucas 24:45 RV1960). Esto me indica que si los discípulos no habían entendido las enseñanzas tú y yo algunas veces tendremos que pedir al Espíritu que nos abra el entendimiento. Te confieso que en más de una ocasión he leído sin entendimiento y he tenido que pedir la intervención del Espíritu Santo para entender, sin embargo, otras veces el Espíritu Santo ha guiado mi lectura y te puedo afirmar que es un maravilloso maestro que puede guiarnos y acompañarnos en esta disciplina.

2) ORACIÓN

La oración ejercita nuestro espíritu, así como el ejercicio ejercita el cuerpo del atleta. Así como un atleta no puede aumentar su resistencia si no hace ejercicio, de la misma manera un seguidor de Cristo no tendrá la misma resistencia si no ora.

Mientras meditaba en la analogía de un atleta, entendí que la oración debería volverse un estilo de vida para mí. Así como un atleta hace ejercicio todos los días yo debía incluir la oración como una disciplina para mantenerme en la carrera.

La oración es tan importante que Jesús nos dejó una enseña sobre cómo podemos orar:

a) Un aspecto importante es que a Dios le agrada que oremos en secreto;

b) Le agrada que hagamos de la oración un diálogo sincero, en el que podemos hablarle tal como somos, tal como estamos pensando y sintiendo en ese momento que estamos con él, porque a Él no podemos ocultarle nada.

c) Podemos dirigirnos a Él como Padre, y estando ante Él podemos ser cariñosos como lo seríamos con nuestro padre terrenal y aun si no hubiésemos tenido padre el Espíritu que ha venido a morar dentro de nosotros nos hace clamar *Abba Padre*, que significa "Papito". Quizás pienses que es demasiado atrevido orar de esta manera, pero si aún no has orado así porque te da vergüenza o porque nunca te habían enseñado, recuerda que puedes entrar a tu cuarto, cerrar la puerta y orar en secreto, te aseguro que nunca más volverás a ver a Dios lejano. Por ejemplo, te cuento algo que me sucedió con respecto a este punto. Había terminado de leer por segunda ocasión el libro que se titula *Ni tan solo una hora* y como trata de la oración basada en el padrenuestro, recuerdo que me desperté una madrugada y fui a la sala y me puse de rodillas y empecé mi oración: "*Padre nuestro que estás en el cielo...*" y en ese momento un pensamiento me interrumpió: "¡Estoy aquí!, ¡No soy un Padre lejano!" No te puedo explicar la enorme gratitud que inundaba mi alma en ese momento, así que seguí orando y agradeciéndole por tenerlo tan cerca, continué mi oración hasta concluir cada aspecto del padrenuestro, me llevó como casi dos horas terminar esa oración, porque en cada frase Él me revelaba algo. Oro para que tus tiempos de oración nunca más vuelvan a ser iguales.

d) Podemos adorarlo, exaltarlo, bendecirlo, imaginar su grandeza, su poder, santificamos su nombre. Su nombre es tan santo que los ángeles le cantan Santo, Santo, Santo. Creo que cuando el Espíritu mora dentro de nosotros podemos unirnos a ese coro celestial para adorarle. Te animo a dedicar suficiente tiempo en este punto, y no solo decir santificado sea tu nombre, tal vez en este punto te encuentres con una visión del Dios Todopoderoso que está sentado en su trono, así como lo pudo ver el profeta Isaías. (Isaías capítulo 6).

e) Podemos pedirle que venga a establecer su reino en nuestra vida, que se establezca su paz, su gozo y su justicia en nosotros;

f) Podemos pedirle que nos ayude a hacer su voluntad antes que la nuestra, podemos declarar que ahora podemos pensar como Cristo, y podemos llevar a cabo las cosas que Él produce en nuestro interior. (filipenses 2:13)

g) Podemos pedirle provisión, sin afán sabiendo que Él es bueno y sabe de qué tenemos necesidad.

h) Podemos pedirle que nos ayude a no caer en tentaciones, que estemos ejercitados en el dominio propio para vencer cualquier debilidad.

i) Y también podemos pedir que nos libre del mal, que nos guíe a través de su Espíritu a combatir con el bien todo mal que nos quieran hacer, que podamos usar las armas espirituales que Él ya nos ha entregado, que podamos usar la autoridad con mansedumbre como Cristo la usó, reconociendo que todo el poder proviene de Él.

Tal vez creciste como yo, repitiendo el padrenuestro como una penitencia, sin saber que este es solo un modelo de oración que Jesús nos enseñó. O tal vez nunca has orado usando como base el padrenuestro, en cualquiera de los dos casos te animo a usar este modelo de oración y ponerle tu sello personal y descubrir por ti mismo cómo Dios se manifiesta a ti como tu Padre de amor.

3) EL AYUNO

Esta disciplina al igual que la lectura de la Biblia y la oración nunca debemos usarlas para ganar méritos con Dios, porque en realidad los que hemos nacido de nuevo entendemos por el Espíritu que Cristo ya pagó el precio para que nosotros podamos acercarnos al trono de la gracia, estas disciplinas nos ayudan a vivir en el espíritu, nos ayudan a someter la carne bajo el dominio del espíritu, para no continuar siendo gobernados por los deseos de la carne.

Gálatas 5:16-18 RV60

"Digo, pues: Andad en el Espíritu, y no satisfagáis los deseos de la carne. Porque el deseo de la carne es contra el Espíritu, y el del Espíritu es contra la carne; y estos se oponen entre sí, para que no hagáis lo que quisiéreis. Pero si sois guiados por el Espíritu, no estáis bajo la ley".

El ayuno es un arma poderosa y como tal debemos tratarla, yo no le daría un arma de grueso calibre a mis hijos de cinco y seis años, porque es peligroso. De igual manera, Dios no te llamará al ayuno hasta que él sepa que podrás usarlo correctamente. Porque el ayuno no solo es dejar de comer, el ayuno tiene un propósito, no es una simple práctica religiosa, el ayuno es tan poderoso que es capaz de darnos victorias que no podríamos obtener solo con oración.

Y podemos entender esto si vemos lo que Jesús nos enseñó cuando un hombre se arrodilló delante de Él, diciendo: **"Señor, ten misericordia de mi hijo, que es lunático, y padece** *muchísimo; porque muchas veces cae en el fuego, y muchas en el agua. Y lo he traído a tus discípulos, pero no le han podido sanar. Respondiendo Jesús dijo: ¡Oh generación incrédula y perversa! ¿Hasta cuándo os he de soportar? Traédmelo acá. Y reprendió Jesús al demonio, el cual salió del muchacho, y este quedó sano desde aquella hora. Viniendo entonces los discípulos a Jesús aparte, dijeron: ¡Por qué nosotros no pudimos echarlo fuera? Jesús les dijo: Por vuestra poca fe; porque de cierto os digo, que, si tuviereis fe como un grano de mostaza, diréis a este monte: Pásate de aquí allá, y se pasará; y nada os será imposible. Pero este género no sale sino con oración y ayuno"* (Mateo 17:14-21 RV1960).

Al leer esta historia, puedo imaginar que, si yo hubiera estado en su lugar, tampoco hubiera reconocido mi falta de fe a la primera llamada de atención de Jesús y tal vez también le habría preguntado: "¿por qué no pudimos?" Como si no hubiera escuchado su represión al decir: "¡generación incrédula!" Si somos honestos diríamos que hasta un grano de mostaza parece ser más grande que nuestra fe en algunas situaciones y es que parece que el razonamiento nos impide creer de la manera que Jesús espera que creamos.

Pero el amor inagotable de Jesús nos indica que con ayuno y oración podemos sacar esa incredulidad que se ha arraigado sin darnos cuenta. Y entonces podremos orar llenos del espíritu y ver el obrar del poder de Dios que actúa en nosotros.

Algo que veo en Jesús, es que siendo hijo de Dios y habiendo sido enviado por el Padre para realizar el ministerio de anunciar las buenas nuevas de salvación y de dar su vida en rescate por muchos. Él después de haber sido bautizado y lleno del Espíritu fue llevado por el mismo Espíritu al desierto para ayunar por cuarenta días y cuarenta noches.

El ayuno de Jesús me enseña que no solo se apartó para no comer, sino que la palabra de Dios fue su alimento y su defensa ante la tentación del enemigo. Entonces en los tiempos de ayuno se cambia la comida por un banquete espiritual. Escoger un libro de la Biblia para leer en ese tiempo y orar con base en esas palabras. No puedo decir que solo voy a dejar de comer y a eso llamar ayuno, ¡no!, porque eso sería como una huelga de hambre. El ayuno tiene un propósito específico y no es un intercambio que hago con Dios, en el que le digo "voy a ayunar para que tú hagas esto o aquello que yo quiero". Al contrario, el ayuno te lleva a decir: "No se haga como yo quiero, sino como tú quieras, así que fortaléceme para hacer tu voluntad cualquiera que esta sea".

Estas tres disciplinas me han ayudado a permanecer en tiempos en donde hubiera sido imposible estar de pie. Pero cuando las he tomado como mis herramientas para seguir avanzando hacia la meta créeme que he podido comprobar que cuando mis fuerzas naturales se agotan, Dios me inyecta de su fuerza sobrenatural para seguir en esta carrera.

Aunque para ser honesta, te diré que han habido días en los que he tenido que recurrir a lo que conocemos como comida rápida, que en lugar de leer la Biblia, solo medito unos minutos, también he dejado ayunos sin terminar y he hecho oraciones precipitadas, pero, ¿sabes algo? aun cuando he hecho eso, puedo imaginarme a Jesús con una pancarta gigante que dice: "¡Levántate!, ¡sigue avanzando!, ¡te espero en la meta!"

No importa si al principio solo puedes orar un minuto, leer un versículo, ayunar medio día, solo recuerda que si tus ojos están puestos en Jesús podrás verlo animándote para que avances hasta la meta.

*"Por tanto, puesto que tenemos en derredor nuestro tan gran nube de testigos, despojémonos también de todo peso y del pecado que tan fácilmente nos envuelve, y corramos con paciencia (perseverancia) la carrera que tenemos por delante, ² puestos los ojos en[a] Jesús, el autor y consumador[b] de la fe, quien por el gozo puesto delante de **Él** soportó la cruz, despreciando la vergüenza, y se ha sentado a la diestra del trono de Dios". (Hebreos 12:1-2 NBLH)*

"Pero de ninguna cosa hago caso, ni estimo preciosa mi vida para mí mismo, con tal que acabé mi carrera con gozo, y el ministerio que recibí del Señor Jesús, para dar testimonio del evangelio de la gracia de Dios". (Hechos 20:24 RV1960).

CAPÍTULO 5

LA ORACIÓN MÁS CORTA

¡SEÑOR, GUÍAME!

"Te haré entender, y te mostraré
El camino que debes andar,
Sobre ti fijaré mis ojos".
Salmos 32:8 RV60

En el capítulo anterior cuando abordé el punto de la primera disciplina, te comenté que cuando leí en la Biblia este salmo 32:8 se me pegó en la mente y sentía como si estuviera escrito para mí. De hecho, creo que fue de los primeros que me memoricé sin proponérmelo, simplemente lo repetía inconscientemente sin parar. Pasaron muchos años y este siguió siendo uno de mis versículos favoritos y no sabía por qué en particular este versículo era como un lema y me atraía tanto.

Un día mientras estaba sentada en la iglesia, le pregunté a Dios: "¿Señor, por qué me persigues?" Y en ese momento vino a mi mente un recuerdo. Me vi en mi cuarto a la edad de 14 años, sentada en la orilla de la cama, viendo hacia la ventana y diciendo: "¡Señor, guíame!" Y entonces me dijo: *"Tú me pediste que te guiara, eso hago"*.

En el capítulo anterior te mencioné que la oración es una de las disciplinas que nos ayudan a permanecer en la carrera con los ojos puestos en Jesús, sin embargo, te quiero decir que no siempre tenemos que pasar mucho tiempo orando. Yo nunca imaginé que esa oración tan corta hubiera sido escuchada. Pero he descubierto que es verdad lo que dice el Salmo 116:2 (RV1960) *"Porque ha inclinado a mí su oído, por tanto, le invocaré en todos mis días"*, otra traducción dice: *"porque me ha prestado atenci*ón. ¡Toda mi vida lo invocaré!" (DHH).

Descubrir que Dios escucha nuestras oraciones y que anhela que le invoquemos para que comprobemos por nosotros mismos cuan real y verdadero es Él, eso nos cambia radicalmente.

En otra ocasión, era de noche y yo estaba en el dormitorio del instituto en pleno verano y recuerdo que hacía tanto calor que le dije a Dios: "¡sopla un poco de aire, Señor!" Apenas terminé de decirlo, sopló fuerte el aire y vino a mi mente la siguiente frase: *"Nunca tengas en poco tus oraciones, porque yo las escucho"*. Y yo te digo a ti: "Él nos escucha, créelo".

Quiero animarte a creer que Él verdaderamente es el Dios Todopoderoso que sigue siendo el mismo de ayer, seguirá siendo el mismo hoy y por siempre. Él es el mismo que hablo con Adán y Eva y ellos podían oírlo. El plan de Dios desde el principio era mantener una comunión íntima y estrecha con nosotros, pero como te decía en capítulos anteriores Satanás sigue haciendo lo mismo que hizo con Adán y Eva, sigue hablándonos para engañarnos y hacernos creer que no somos dignos de hablar con Dios, que solo los que ejercen oficio de sacerdocio pueden hablar con Dios. Pero déjame decirte que Jesús es nuestro sumo sacerdote y el pago el precio de nuestra santificación para que ningún pecado nos separe ni nos impida acercarnos al trono de la gracia.

¿Sabías que el apóstol Pablo, escribió casi la mitad del Nuevo Testamento? Sin embargo, él cuenta que a pesar de ser llamado por Jesús para predicar el evangelio luchaba con la carne, él no lo ocultó, incluso nos dice que le rogó a Dios que le quitara esa debilidad a la cual él llamó aguijón en la carne, pero Dios le dijo que le bastará su gracia.

"Y yo sé que, en mí, esto es, en mi carne, no mora el bien; porque el querer el bien está en mí, pero no el hacerlo Porque no hago el bien que quiero, sino el mal que no quiero, eso hago. Y si hago lo que no quiero, ya no lo hago yo, sino el pecado que mora en mí. Así que, queriendo yo hacer el bien, hallo esta ley: que el mal está en mí. Porque según el hombre interior, me deleito en la ley de Dios; pero veo otra ley en mis miembros, que se rebela contra la ley de mi mente, y que me lleva cautivo a la ley del pecado que está en mis miembros ¡Miserable de mí!, ¿quién me librará de este cuerpo de muerte? Gracias doy a Dios, por Jesucristo Señor nuestro. Así que, yo mismo con la mente sirvo a la ley de Dios, más con la carne a la ley del pecado". (Romanos 7:18-25 RV1960).

"Y para que la grandeza de las revelaciones no me exaltase desmedidamente, me fue dado un aguijón en mi carne, un mensajero de Satanás que me abofetee, para que no me enaltezca sobremanera respecto a lo cual tres veces he rogado al Señor, que lo quite de mí. Y me ha dicho: Bástate mi gracia; porque mi poder se perfecciona en la debilidad. Por tanto, de buena gana

me gloriaré más bien en mis debilidades, para que repose sobre mí el poder de Cristo. Por lo cual, por amor a Cristo me gozo en las debilidades, en afrentas, en necesidades, en persecuciones, en angustias; porque cuando soy débil, entonces soy fuerte". (2 Corintios 12:7-10 RV1960)

Creo conveniente incluir esto porque sé que algunas veces no nos acercamos a orar porque nos sentimos culpables, sucios, indignos, pero déjame decirte que Dios no nos condena, al contrario, Él desea que una vez que reconozcamos que hemos pecado, se produzca el deseo de arrepentirnos y Él está dispuesto a aceptarnos.

Así que, si te has sentido condenado, esa voz de condenación proviene de Satanás, y nos condena porque a él no le gusta que estemos seguros de nuestra identidad de Hijos de Dios, él aprovechará cuando nuestra debilidad quede expuesta para condenarnos. Pero la palabra de Dios nos dice que ninguna condenación hay para los que estamos en Cristo Jesús, si hemos pecado podemos hacer lo que hizo el hijo pródigo, el cual volvió en sí y al reconocer su condición se arrepintió y le pidió perdón a su Padre y su Padre no lo condenó, sino que le puso un anillo, le dio vestiduras limpias, y le preparó una fiesta.

Tal vez creas que te has agotado su gracia, pero su gracia está disponible y tú puedes hacer tuya la oración más corta: "¡Señor, guíame!"

"Enséñame a hacer tu voluntad, porque tú eres mi Dios; Tu buen espíritu me guíe tierra de rectitud" **(Salmos 143:10 RV1960).**

CAPÍTULO 6

CARTA PARA DIOS

*"Me buscaréis y me hallaréis,
porque me buscaréis de todo vuestro corazón".*
Jeremías 29:13 RV60

Algunos de los recuerdos que tengo de mi infancia, son de cuando tenía entre siete y ocho años. Me acuerdo de que mi mamá nos arreglaba a mi hermana y a mí como si fuéramos a una fiesta, se esmeraba mucho en nuestro arreglo, todavía recuerdo algunas de las prendas que nos ponía porque nos vestía igual a las dos. Mi mamá se encargó de inculcarnos que los domingos eran para ir a la iglesia para darle gracias a Dios. Así que nos llevaba rigurosamente cada domingo. Algunas veces mi hermana y yo estábamos inquietas durante la misa y recuerdo que ella se ponía en medio de nosotras para evitar que estuviéramos jugando y distraídas y cuando de plano le colmábamos la paciencia nos tocaba un pellizco y con eso nos entraba la paz.

Cuando crecimos y ya estábamos en la preparatoria, mi mamá nos puso como requisito ir a misa si queríamos ir a los tradicionales domingos de rol. Así que allí estábamos en la misa solo por cumplir. Llegó el momento en el que ya no acompañábamos a mi mamá a la misa del mediodía, nosotras preferíamos ir a la misa de las seis de la tarde y saliendo nos íbamos a pasear.

Y así se volvió un hábito ir a misa, pero hubo un momento en el que realmente sentí la necesidad de ir a misa, la culpa me inquietaba, necesitaba ponerme a cuentas con Dios. Recuerdo estar tan sensible que cuando llegaba el momento de dar el saludo de la paz, sentía que me iba a desmoronar. También recuerdo que el canto de *"Pescador de hombres"* penetraba profundo dentro de mi ser y sentía que literalmente Jesús venía a la orilla y sonriendo decía mi nombre.

Esos días me sacudía algo por dentro, no me podía explicar por qué sentía que Dios desnudaba mi alma. Un día después de confesarme, me puse de rodillas y no podía parar de llorar. Me daba tanta vergüenza porque nunca vi a alguien hacer eso, me sentía tan fuera de lugar, pero no podía evitarlo, lo que me estaba pasando era más fuerte que yo.

Un día arranqué a Jesús del crucifijo que estaba en mi cuarto solo dejé la cruz del crucifijo y algunas tardes pasaba a ver a Jesús en la capilla, me encantaba verlo ahí en esa vitrina, tanto que un día casi pude imaginar que se movió como si me estuviera diciendo: *"yo estoy vivo"*. No puedo recordar muchos detalles como quisiera, pero solo sé que algo empezó a pasar dentro de mí. Sentía la necesidad de buscar a Dios y parecía que cuando lo buscaba encontraba algo, podía percibir como que Él estaba allí.

Un día en fin de año, subí y me senté en mi escritorio a escribirle una carta a Dios, no sabes cuánto lamento no haber guardado esa carta. Ni siquiera sé que tanto le escribí a Dios, pero recuerdo que llené esa hoja tan rápidamente como si mi corazón estuviera dictando todo lo que quería decirle a Dios.

Para mi sorpresa hoy que recuerdo esa etapa de mi vida, me doy cuenta de que Dios recibió mi carta, que mientras yo lo buscaba, Él se dejó hallar. Porque al año siguiente fue cuando empecé a dar clases y fue ahí donde mi amigo ponía folletos acerca de Dios entre mis libros. Hoy comprendo que Dios preparó mi corazón y antes de terminar ese año Dios quitó el velo que me impedía verlo. Fue como si me hubieran abierto los ojos y pudiera ver a Jesús, pero ya no desde una vitrina sino más real.

Y fue a partir de noviembre de 1998 que escribirle a Dios se volvió una manera de relacionarme con Él. Claro, no siempre lo hacía, era esporádicamente que le escribía. Fue hasta el año 2014 que me propuse comprar una agenda para escribirle a Dios todos los días porque me daba la impresión de que Dios atendía mis escritos. Así que busqué la mejor agenda, una agenda hermosa y allí estaba yo toda ilusionada porque iba a poder escribirle a Dios todos los días del año, sin embargo, para mi vergüenza te diré que, de los 365 días del año, solo le escribí como 40 días y los demás días se quedaron en blanco.

Pero no creas que me rendí, al siguiente año en el 2015 encontré una agenda que me cautivó en cuanto la vi. Y pensé:

"esta agenda es tan hermosa que creo que sí voy a querer escribir en ella todos los días". Y bueno, aunque tampoco pude lograr mi objetivo al cien por ciento, con la ayuda de Dios y mi fascinación por esa agenda tan bella pude escribir como 300 días en total. Y no solo eso, sino que al volver a leer algunas de las cosas que escribí, me doy cuenta de que realmente la palabra de Dios es real cuando dice en Filipenses 2:13 *"Dios es el que pone en nosotros el querer como el hacer por su buena voluntad"*. Y aunque al principio Dios no nos muestra todo su propósito, lo que, sí hace, es ir dándonos señales y confirmaciones conforme avanzamos. Por ejemplo, en ese año 2015 se estrenó la película *War Room* y para mí se convirtió no solo en una confirmación, sino en una inspiración para continuar con la práctica diaria de escribir.

Dios sabe que es importante hacer un registro de las cosas que suceden, para que quede evidencia de que Él habló por anticipado y llegado el cumplimiento podemos darle toda la gloria a Él. Por eso encontramos en la Biblia que Él dio instrucción en más de una ocasión de escribir la Visión. Por ejemplo, sobre este punto el día 29 de abril del 2015, mientras leía el capítulo 30 de Isaías al llegar al versículo 8 de la Nueva Traducción Viviente mi corazón saltó con la fuerte convicción de que había un propósito por el cual empecé a escribir mis oraciones en esta agenda. Y si pudieras ver esa agenda comprobarías que ese día puse al margen izquierdo la palabra LIBRO seguido de la palabra "escríbelo". Esto es lo que dice el versículo 8: *"Ahora ve y escribe estas palabras; escríbelas en un libro. Así quedarán hasta el fin de los tiempos como testigo"*.

Ese mismo año el jueves 19 de noviembre leí Jeremías 30:2 *"Así hablo Jehová Dios de Israel, diciendo: Escríbete en un libro todas las palabras que te he hablado".* (RV1960) pero como ya no tenía espacio para escribir en la página de ese día, lo que hice fue escribir el versículo en un *post it* con fecha y lo pegué sobre esa página, y sabes por qué anoto todo, ya que en mi relación con Dios he comprobado que Él es tan bueno y paciente que en la mayoría de las veces que nos habla no lo hace una sola vez, sino que Él insiste para que no nos quede duda de que es Él quien nos está hablando y que detrás de todas esas cosas que llamamos casualidades, en realidad es Él llamando nuestra atención para guiarnos hacia su propósito.

Y algunas veces si es necesario usa la vida de otra persona para hablarnos de forma audible para confirmar y afirmar que esa voz que hemos oído no es producto de nuestra imaginación. Dios en su infinita paciencia y misericordia lo ha hecho así conmigo en más de una ocasión. Y no sabes lo comprometida que eso me ha hecho sentir, porque pienso: *"¿Quién soy yo para ignorar su voz y su instrucción? ¿Cómo puedo quedarme inmóvil ante su llamado? ¿Cómo podré justificarme delante de Él cuando me llame a su presencia si Él se encargó de hacer pública y audible la instrucción que me había hablado en privado?"*

El día que me habló públicamente, lo hizo en la iglesia y usó la vida de un hombre al que no conocía. Recuerdo ese momento tan claramente como si fuera hoy. Él me apuntó con su dedo y me dijo: "Dios me dice que escribas, porque él te va a dar palabra y esa palabra no solo será para ti, sino para otras personas" y después de eso vino otro varón y oró por mis palabras que Dios ya me había hablado a través de otras dos personas. Así que te podrás imaginar cuánto me animó esto para seguir escribiendo hasta el día de hoy. Y como si eso no hubiera sido suficiente, Dios me permite escuchar el 11 de enero de 2016 una ministración de Danilo Montero y en la que dice lo siguiente: *"Hay canciones esperando ser cantadas, letras esperando ser escritas, naciones deseando adorar que todavía no saben cómo, hay edificios esperando ser creados que todavía esperan ser diseñados por alguien. Libros que deben ser leídos, en espera de un escritor. Y Dios sigue apuntando y cuando el dedo de Él pasa por ti, cuando preguntes la próxima vez ¿por qué? Escúchalo decir ¿Por qué? ¡Porque quiero! Por lejos y discapacitado que te sientas para las cosas de Dios. Yo te ayudo, Yo te enseño, Toma mi mano, ¡escribamos juntos!,* eres mía, desde el vientre de tu madre te aparté para mis propósitos, eres para que vivas *en mi casa, serás como árbol plantado y no te vas a desviar ni a la derecha ni a la izquierda, búscame en mi palabra tengo consejo para ti, tengo sabiduría para ti"*. Después de escuchar esto que pareciera una casualidad más, te puedo decir que el espíritu que Dios depositó dentro de mí, me susurró *¡hazlo!,* tienes la aprobación y una confirmación más, no lo pienses más, solo empieza y verás su respaldo en cada paso, confía que Él te guiará y sabes algo, esa voz tiene la capacidad de darme paz y al mismo tiempo de encender una pasión para actuar por fe. En ese momento mi razonamiento ya no pudo detenerme porque empezaron a fluir ideas y fue en ese tiempo que vino la imagen en mi mente de lo que sería la portada de este libro.

Puede ser que sientas que has buscado y no has hallado, pero yo te diría como dice la reflexión de Facundo Cabral *"No estás deprimido estás distraído de la vida"*, es probable que Dios ya te haya hablado, solo que tal vez has ignorado sus señales y has pasado por alto su manera de llamar nuestra atención. Si has estado buscando te aseguro que Dios se dejará hallar, quizá lo encuentres en una canción, en un panorámico en tu ciudad, en la frase de una película, en la Biblia, en el silencio, en cualquier lugar, en un libro, incluso en una circunstancia difícil que estés atravesando. No te desanimes, sigue buscando, porque el que busca encuentra.

Mateo 7:7 NTV

"Sigue pidiendo y recibirás lo que pides, sigue buscando y encontrarás; sigue llamando y la puerta se te abrirá".

En mi caso, escribir una carta para Dios fue el primer paso que tuve que dar para hacerle saber a Dios que anhelaba encontrarme con Él, que anhelaba que me escuchara y que me respondiera, y aunque no tenía idea de lo que sucedería después de terminar de escribir esa carta, creo que en el fondo de mi corazón esperaba que algo sucediera y sucedió.

Yo creo que, si estás leyendo este libro, eso quiere decir que tal vez ya iniciaste tu búsqueda de Dios, así que mi oración por ti, es que te encuentres con el Dios Todopoderoso y que empieces a caminar con su guía y dirección desde ahora.

Padre en el nombre de Jesús te quiero pedir por la persona que ha avanzado hasta este capítulo, quiero pedirte que, así como aquella noche calurosa de verano hiciste que soplara el viento, así soples de tu espíritu para que el que te ha estado buscando se encuentre contigo, te ruego que le hagas sensible a tu voz, y a la forma de comunicarte, guíale a una relación personal y genuina contigo y glorifícate en su vida. Amén.

Aquí te dejo unas líneas, por si quieres escribirle una carta a Dios.

_____
_____
_____
_____
_____
_____
_____
_____
_____
_____
_____
_____
_____
_____
_____
_____
_____
_____
_____
_____
_____
_____
_____

CARTA PARA DIOS

CAPÍTULO 7

SIN RESERVAS

"…Heme aquí, envíame a mí…"
Isaías 6:8 RV60

Así como hubo palabras que le escribí a Dios en un papel, también quisiera contarte que hay palabras que le he dicho a Dios y es como si fuera Dios quien las escribiera en su diario, porque pareciera que Él se toma muy en serio esas palabras.

Un día mientras le ayudaba a limpiar la casa a mi mamá, me pasó algo que me marcó mucho. Recuerdo que como no había nadie en la casa, puse en la televisión el canal Enlace para estar escuchando algo mientras hacía la limpieza. Y en eso empezó un concierto de Marco Barrientos y yo me enganché tanto con la ministración que podía sentir al Espíritu de Dios allí conmigo, al grado de sentir como si me hubieran dado un golpe en el estómago que me doblaba y no podía dejar de llorar con un llanto de angustia que me hacía repetir: *"Heme aquí, envíame a mí, yo lo haré, te obedeceré, sin reservas ni condiciones, te seguiré"*.

Quisiera decirte que de inmediato hice todo para ponerme al servicio de Dios, pero no fue así. Aunque sí asistía a la iglesia y trataba de involucrarme, lo hacía con reservas. Incluso fui por seis meses a un seminario bíblico y en las vacaciones me iba a los viajes misioneros, pero hasta ahí llegaba mi entrega.

Sin embargo, en el verano del 2004 me entró una urgencia por ir al congreso de Marco Barrientos que organizaba Aliento del Cielo y los detalles de ese viaje te los platicaré en el siguiente capítulo porque en este capítulo quisiera que veas como Dios toma en serio nuestras palabras y a su tiempo producen un efecto.

Pues resulta que cuando estaba en el concierto me di cuenta de que Aliento del Cielo contaba con un seminario bíblico, así que tomé una solicitud con toda la información y regresé a mi ciudad convencida de que debía renunciar a mi trabajo para irme a estudiar a *Christ For The Nations Institute*. Mi convicción fue probada cuando mi exnovio volvió a buscarme para pedirme matrimonio y cuando mi jefa mi ofreció un ascenso. Te podrás imaginar que ese era el mejor momento para impresionar a Dios y decirle nuevamente "*Heme aquí, envíame a mí, yo lo haré, te obedeceré, sin reservas ni condiciones, te seguiré*", pero no, no fue así. La historia resumida es que me quedé con el ascenso, y preparé en un mes mi boda.

En el capítulo 9 entraremos en detalles sobre lo que pasó entre el 2004 y el 2008.

En febrero del 2008 mientras estaba trabajando en la oficina tenía puesto el cd de Jesús Adrián Romero que se titula *Fue más claro que la Luna*, y otra vez sentí esa repentina urgencia. Así que me preparé para ir a la presentación de ese cd en la ciudad de Monterrey. Y la noche del concierto, no te puedo explicar lo incómoda que me sentía, yo misma me preguntaba: "*¿qué hago aquí?, ¡este cd ya me lo sé de memoria, lo escucho en la oficina todo el día, todos los días!*" Así que sin saber el propósito de ese viaje regresé y continué con mi vida. Sin embargo, algo me estaba pasando, despertaba en las madrugadas y como te había platicado en el tercer capítulo aún continuaba sintonizada la estación cristiana en el radio que tenía en mi cuarto, así que a la hora que despertaba lo prendía para escuchar de que estaban hablando en ese momento y hacía anotaciones y en la mañana cuando despertaba hacía lo mismo y por todas partes veía o escuchaba la palabra llamado.

Recuerdo que una noche mientras estaba en una reunión en la iglesia con el grupo de mujeres yo me puse media impertinente con Dios y le dije: "*sé que quieres decirme algo, pero no quiero saber que es, así que me voy a quedar a que termine la reunión, pero no voy a orar*". Ahora me da pena decirte que fui capaz de portarme así con Dios. Luego de refunfuñar con Dios una de las mujeres nos pidió que hiciéramos un círculo y nos tomáramos de las manos y que cada una iba a empezar a orar en voz alta, entonces todas oraron y cuando se supone que tocaba mi turno, yo seguía luchando con Dios. Y entonces la misma mujer que dirigió la oración hablo con voz de autoridad y dijo: "¡CLAMA!" Y yo me doblé como si me hubieran dado un golpe en el estómago, pero de inmediato me incorporé como si no me hubiera pasado nada y seguí en mi postura de no orar.

Cuando se acabó ese tiempo de oración, yo pensé que ya se había terminado todo y ya podría irme a mi casa, ¡pero no!, ellas empezaron a cantar sin música, así que lo que hice fue sentarme en el piso alrededor de unos niños y una niña puso su manita sobre mi cabeza como si estuviera orando por mí y eso me asombró, pero la verdad me seguí resistiendo, solo pensaba dentro de mí: "*que ya se acabe esto*". Y de un momento a otro se escucha música y empieza la canción de Abel Zavala que se llama *ENAMÓRAME* y nada más donde empezó la *intro* yo caí de cara al piso con un llanto incontrolable, porque podía escuchar a Dios diciéndome "*ENTRÉGAME TUS SUEÑOS*" y venía a mi mente el plan de vida que había escrito hacía unos meses atrás. Y como si eso no fuera poco, vino la pastora y me abrazó con tanta ternura y me empezó a cantar al oído una canción que era la primera vez que yo escuchaba y que dice "**TÚ SUPERAS MIS SUEÑOS Y MI REALIDAD**". Me terminó de matar. No te puedo decir cuánto tiempo estuve tirada en el piso. Cuando finalmente me levanté, nadie me dijo nada. Recuerdo que me subí a mi camioneta y llegué a mi casa a dormir.

Pasaron los días y Dios seguía insistiendo y yo resistiendo. Así que, para el mes de mayo, me puse seria con Dios y le dije: "Dios, creo que tú me estás llamando, pero quiero que me confirmes si eres tú o soy yo la que cree que me llamas. Me voy a tomar esta semana de vacaciones y voy a estar en la iglesia los tres días de Avivamiento para que me confirmes". Para mí esto era una cita con Dios, así que fui a comprarme ropa y zapatos nuevos y recuerdo que justo antes de poner un pie dentro de la iglesia le dije a Dios: "Padre, solo vengo por una confirmación".

Cuando empezó la alabanza mi corazón se desbordó en adoración, alabé a Dios como si estuviera viéndole allí entre nosotros. Luego le dieron lugar al predicador invitado y él comenzó su sermón, pero hizo algo inusual para mí, porque él dijo que tenía que hacer una pausa para orar por una persona que el Espíritu Santo le mostraba que estaba enfermo, así que él pidió que levantara la mano la persona que estaba enferma y dio ciertas características, así que solo se levantó un hombre y oró por él. Luego continuó con su sermón. Pero volvió a hacer otra pausa y dijo: "Tengo que ser obediente al Espíritu Santo. El Espíritu me muestra que hay una persona que vino aquí por una confirmación". Y yo de inmediato le dije a Dios: *yo no voy a levantar la mano*. Entonces el predicador se acercó hasta donde yo estaba sentada y me tomó de la mano y me levantó y me dijo "y esa persona eres tú". Involuntariamente empecé a hablar otro lenguaje y otra vez volví a sentir ese golpe en el estómago que me hacía estar encorvada. Entonces el predicador llamó a los pastores para que oraran por mí. Esto que te cuento con lujo de detalle es porque anhelo con todo mi corazón que veas que Dios es Real, más real de lo que te pueda contar y si nosotros le hacemos preguntas no dudes que va a responder.

Al día siguiente mientras me estaba vistiendo para irme al segundo día del Avivamiento, tenía puesto el canal Enlace y estaba el predicador Guillermo Maldonado diciendo con una voz de autoridad: "Aquí hay personas que le están pidiendo a Dios una confirmación, cuando Dios ya va en la confirmación número mil y Él te dice da el primer paso".

Esa palabra me estremeció, pero al llegar a la iglesia y oírla nuevamente durante el sermón fue definitivo. Él me estaba llamando. Él me estaba confirmando su llamado, era como si Él estuviera sacando su diario y estuviera diciéndome: "te confirmé el llamado que tienes desde el vientre de tu madre el día que estabas frente al televisor y me dijiste heme aquí, envíame a mí, yo lo haré, sin reservas ni condiciones, te seguiré. Yo escuché tus palabras y las anoté en mi diario".

A ese avivamiento me acompañaron mi hermana Jessy y mis dos mejores amigos del trabajo Jemima y Marcos, y ellos fueron testigos de todo lo que te cuento. Y ¿qué crees que hicieron? Pues, después de que se acabaron los tres días me llamaron para decirme que ellos creían que Dios quería que me preparara y que ellos querían apoyarme económicamente, que lo pensara.

El lunes que regresé de mis vacaciones y que llegué a mi oficina encontré en mi escritorio la solicitud de Cristo para las Naciones Monterrey, porque mis amigos la imprimieron y me la dejaron allí para que yo tomara la decisión. Ya te imaginarás cómo me sentía, ya no tenía cara para seguir pidiendo confirmaciones, pero, ¿qué crees? sí las pedí porque era bastante necia en ese entonces. Así que le dije a Dios: "Bueno, si tú quieres que renuncie prepara a mi jefa" que es la misma jefa que en el 2004 me había ofrecido el ascenso. Ese mismo día cuando mi jefa llegó me pidió que fuera a su oficina y mientras ella me platicaba que se enteró de que uno de los trabajadores de su estética fue a pedir trabajo a sus espaldas a la estética de otra amiga, ella estaba muy indignada porque me decía: "¿por qué hace eso a mis espaldas?, ¿por qué no me dice que va a renunciar?" y al escuchar esa palabra para mí fue un boom. Yo aproveché la pausa y le dije: "Tengo que renunciar", le expliqué por qué y ella me dijo: "¡Es lo que siempre has querido... Hazlo!"

Así fue como renuncié a mis sueños y los rendí por completo a Dios, renuncié a mi seguridad económica, a mi autosuficiencia, a mis planes y comencé la aventura de dar el primer paso.

Siempre estaré eternamente agradecida con ese par de amigos locos que fueron obedientes a la primera. Me dieron una tremenda lección de Fe, porque lo que a mí me tomó años para ser obediente al llamado, a ellos le tomó tres días de avivamiento. Dios les triplique la bendición, amigos.

CAPÍTULO 8

ESTÁS BAJO MI COBERTURA

"Mi presencia irá contigo…"
Éxodo 33:14 RV60

Ahora quisiera relatarte todos los detalles de ese primer viaje que hice a Aliento del Cielo para estar en un concierto de Marco Barrientos porque en esos días pude comprobar que Dios no solo es real, sino que está en todos los detalles y es como si en cada detalle te gritara: "¡aquí estoy!, estoy llamando tu atención porque quiero hablar contigo, tengo cosas que quiero mostrarte acerca de mí que tú no conoces!"

Yo espero que mientras lees este capítulo el mismo Espíritu de Dios que me atrajo a un encuentro con Él Padre, te atraiga a ti también.

Para mí buscar a Dios se volvió parte de mi estilo de vida, leía la Biblia a solas, escuchaba mensajes en la radio, oraba, ayunaba, pero no quiero que creas que nunca le fallé a Dios. Sí lo hice, pero a pesar de haberle fallado yo empecé a notar que Él quería llevarme a un lugar apartado para hablarme y fue cuando yo empecé a sentir una urgencia de ir a ese congreso. Y como las fechas del congreso coincidían con el periodo vacacional del trabajo, me apunté para que esas fueran mis vacaciones. Inmediatamente reservé mi vuelo, mi hospedaje y mi lugar en el concierto. Y llegado el día allí estaba yo toda nerviosa porque era la primera vez que viajaba sola a Estados Unidos y mi inglés es casi nulo; así que tuve que experimentar algunos inconvenientes, como llegar al aeropuerto equivocado, reservar en un hotel muy lejano. Pero eso solo sirvió para darme cuenta de que Dios aprovecha aún esos inconvenientes para sorprendernos.

> Por ejemplo, cuando el taxi me llevó del aeropuerto al hotel me cobró cuarenta dólares, pensé: ¡Dios mío que voy a hacer para llegar al concierto! ¡No puedo pagar tanto por el taxi! Entonces caminé sin saber exactamente qué hacer, y justo a unos pasos del hotel estaba una gasolinera, así que entré y le pregunte a la chica que estaba en la caja, si me podía decir cómo llegar a *Christ for the Nations* y ella me dijo que si la podía esperar ella me llevaba, porque le quedaba de paso. Entonces salí a esperarla y recuerdo perfecto como si fuera hoy mismo que al momento que estaba parada en esa gasolinera me quedé viendo hacia el cielo como ida por unos segundos y entonces oí estas palabras dentro de mí *"ES-TÁS BAJO MI COBERTURA"* y de estar ida, como que volví en mí y para mí fue una sorpresa porque era la primera vez que me pasaba algo así. Siempre que Dios quería decirme algo, usaba una predicación, una canción, la Biblia o alguien más. Sin embargo, estoy convencida de que esa frase no salió de mi pensamien-

to, sino del Espíritu de Dios. Y lo confirmé cuando la muchacha que se ofreció a llevarme al concierto me dijo que ella también asistía a una iglesia cristiana y me sentí como si Dios hubiera planeado llevarme a un lugar lejano para mostrarme que él realmente me acompaña. Ese viaje fue muy significativo y Dios usó a varias personas para mostrarme que realmente estaba bajo su cobertura. Una vez que llegué al Congreso me dirigí a la mesa de registro y me encontré con el penoso detalle de que no aparecía el cargo de la tarjeta, así que me turnaron con Rocío y Memo su hijo, ellos se encargaron de darme mi pulsera y material para que entrara y nunca voy a olvidar que Rocío me dijo: "tú pasa, luego investigamos lo del pago, porque tú no has venido desde México solo porque sí, esta es una convocatoria del Espíritu Santo, así que entra y recibe". En ese momento comprobé por qué el Espíritu de Dios se movía con tanta libertad en ese lugar, ya que las personas involucradas realmente estaban sirviendo con una sensibilidad de parte del Espíritu de Dios.

En mi corazón había expectativa porque sabía que, si el Espíritu Santo había podido ministrarme a distancia viendo un concierto por la televisión, algo haría en mi espíritu mientras estaba en ese ambiente de alabanza y adoración. Así que entré al concierto con un corazón de adorador, lista para unirme a la adoración. Y entonces llamaron a la plataforma a todos los jóvenes solteros para profetizar sobre ellos y subimos todos y entonces esto fue lo que profetizaron:

"Para extender el Reino de Dios en esta generación es que los padres impartan a los hijos lo que han recibido de Dios y que no se corte como ha sucedido en tantas generaciones. No se corte el impulso momentum. Los padres han recibido unción, gracia. Declaramos que no se cortará, no será así con esta generación, declaramos que habrá una secuencia, habrá una continuación, que nuestros hijos servirán al Señor, que andarán en los caminos del Señor, que conocerán su voz en el nombre de Jesús. Danos la gracia de derramar sobre nuestros hijos lo que tú has puesto en nosotros. Tu palabra dice que nuestros hijos serán poderosos en la tierra, que habrá riquezas y honra en tu casa, tu palabra dice que serán cabeza y no cola, tu palabra dice que serán reyes y sacerdotes, que se levantarán en cada lugar de la tierra llevando adelante la educación, el gobierno, los medios de comunicación, exaltando tu Gloria de generación en generación. Lo creemos y los declaramos en el nombre de Jesús. Y lo profetizamos que harán prodigios y señales y harán milagros en el nombre de Jesús, tomaran las puertas del infierno, las arrebataran para traer la gloria de Dios en cada rincón del mundo. Profetiza sobre tus hijos, profetiza sobre tu generación, profetiza sobre la juventud, suéltalo en el espíritu, que abra brecha en el nombre de Jesús, rompemos toda religión generacional, la idolatría, el pecado de hechicería, de mediocridad queda roto por la sangre de Jesús. El vino nuevo está siendo derramado a una nueva generación. El viento y el Fuego del Espíritu Santo es lo que hace que venga el denuedo en hombre y mujeres temerosos de Dios. Llenura del Espíritu Santo".

El resto del Congreso fue todo un apapacho de parte del Espíritu de Dios. Vivir esa experiencia llenó mi corazón de una profunda convicción: ¡Nací para servir a Dios!

Bastaron tres días para saber que en ese ambiente me sentía como pez en el agua y es lo que quería para el resto de la vida. Recuerdo que me acerqué a la mesa donde tenían las solicitudes de ingreso para el Instituto Bíblico y tomé una porque pensaba renunciar a mi trabajo para ir a estudiar a ese instituto. Todos esos pensamientos estaban en mi mente.

Recuerdo que, al llegar a mi trabajo, le platiqué a mi jefa mi deseo de renunciar y ella me dijo que lo pensara porque había una vacante para jefe de área, entonces la verdad me hizo pensarlo y aunado a esto resulta que la persona con la que estuve a punto de casarme cuatro años atrás llegó hasta la oficina para pedirme matrimonio. Quisiera decirte que mi experiencia tan genuina y real que viví en el concierto me hizo mantenerme firme en el deseo de dejarlo todo para irme a preparar para servir al Señor, pero no fue así. Lo que hice fue aceptar el puesto y casarme. El resto de esta historia la podrás leer en el siguiente capítulo.

Por ahora quisiera ser muy sincera contigo, lo que hoy puedes leer de corrido me llevó un año escribirlo, no sabes cuántas versiones hice de este capítulo, pero con ninguna quedaba convencida, y no porque no recordara cómo sucedió esta etapa de mi vida, sino porque la verdad me avergüenza reconocer que todo el fuego y pasión que sentía por Dios no me exentó de caer en situaciones que no honraban a Dios.

Después de haber escuchado a Dios hablarme y guiarme, seguí mis propios caminos y aunque seguía caminando daba vueltas sin poder salir del mismo lugar. Al ver mi propia historia, me siento profundamente identificada con el pueblo de Israel, porque ellos también recibieron la promesa de una cobertura, la cual menospreciaron al decidir ir en pos de sus propios caminos.

Fue hasta que leí completo el libro de Éxodo cuando pude acomodar mis ideas para continuar escribiendo porque fue como tomar una radiografía de mi corazón y ver cuál fue mi problema en esa temporada. Me di cuenta de que había dejado que mi corazón continuara siendo obstinado y rebelde, no había aprendido a sujetar verdaderamente mi voluntad a la voluntad de Dios.

En Deuteronomio 8:2 RV60 Dios le dice al pueblo de Israel:

"Te acordarás de todo el camino por donde te ha traído Jehová, tu Dios estos cuarenta años en el desierto, para afligirte, para probarte, para saber lo que había en tu corazón, si habías de guardar o no sus mandamientos".

Y entonces entendí que Dios nos prueba, no para hacernos sufrir, sino para que nosotros conozcamos lo que puede producir nuestro corazón, porque muchas veces llegamos a crear una autoimagen distorsionada de nosotros mismos.

En mi caso yo recibí la promesa directa del Dios que hizo los cielos y la tierra de darme su cobertura y yo lo creí, sin embargo, eso no me libró de seguir haciendo las cosas a mi manera y pensé que eso no tendría consecuencias, pero me equivoqué, sí las tuve.

Por eso creo conveniente usar mi propia experiencia para advertirte que, si has sentido la dirección de Dios guiándote hacia un camino, no rehúses obedecer esa guía porque te puedo asegurar que si la obedeces acortarás el tiempo para llegar a la tierra prometida que Dios tiene para aquellos que rinden su voluntad a él. Además, te librarás de alargar el cumplimiento de ver y poseer esas promesas.

A continuación, te dejo la promesa que Dios le dio al pueblo de Israel para que la leas detenidamente y espero que puedas escuchar la voz del Espíritu ofreciéndote esa misma COBERTURA a ti, porque esta es una promesa que no ha caducado, sigue vigente, recíbela en Fe y obedece fielmente a sus instrucciones y verás que tu vida tomará un rumbo que jamás imaginaste.

"Yo envío mi ángel delante de ti, para que te guarde en el camino y te introduzca en el lugar que yo he preparado. Compórtate delante de él y oye su voz; no le seas rebelde, porque él no perdonara vuestra rebelión, pues mi nombre está en él. Pero si en verdad oyes su voz y haces todo lo que yo te diga, seré enemigo de tus enemigos y afligiré a los que te aflijan. Mi ángel ira delante de ti y te llevará a la tierra del amorreo, del heteo, del ferezeo, del cananeo, del heveo y del jebuseo, a los cuales yo haré destruir. No te inclinaras ante sus dioses ni los servirás, ni harás como ellos hacen, sino que los destruirás del todo y quebraras totalmente sus estatuas. Pero serviréis a Jehová, vuestro Dios, y él bendecirá tu pan y tus aguas. Yo apartare de ti toda enfermedad. En tu tierra no habrá mujer que aborte ni que sea estéril, y alargaré

el número de tus días. Yo enviare mi terror delante de ti, turbaré a todos los pueblos donde entres y haré que todos tus enemigos huyan delante de ti. Enviaré delante de ti la avispa, que eche de tu presencia al heveo, al cananeo, y al heteo. No los expulsaré de tu presencia en un año, para que no quede la tierra desierta ni se multipliquen contra ti las fieras del campo. Poco a poco los echaré de tu presencia, hasta que te multipliques y tomes posesión de la tierra. Fijaré tus límites desde el Mar Rojo hasta el mar de los filisteos y desde el desierto hasta el Éufrates, porque pondré en tus manos a los habitantes de la tierra y tú los arrojarás delante de ti. No harás alianza con ellos ni con sus dioses. En tu tierra no habitarán, no sea que te hagan pecar contra mí sirviendo a sus dioses, porque te será tropiezo".

Éxodo 23:20-33 RV60

CAPÍTULO 9

VOLUNTAD PERFECTA VS VOLUNTAD PERMISIVA

"Ordena tu casa, porque morirás…
Ezequías oró…Y Dios le respondió;
Y le añadió quince años".
2 Reyes 20:1-6 RV60

Una madrugada me desperté con mi corazón tan angustiado y afligido. No sé que hagas tú cuando eso te pasa, pero recuerdo que algunas veces era tan fuerte la sensación de angustia que no podía quedarme acostada, así que esa noche me levanté y me fui a mi lugar favorito para hablar con Dios, ¡la cocina! Tomé mi Biblia y empecé a leer y lo que estaba leyendo estaba impactando tanto mi corazón porque era la primera vez que descubría la historia de un Rey llamado Ezequías a quien Dios le habló fuertemente. Quisiera hacer una aclaración sobre esto que leí, porque cuando lo leí, yo tenía menos de dos años asistiendo a una iglesia, así que con mi poca experiencia acerca de leer la Biblia, leí sin contexto y sin referencias y solo tomé en ese momento la historia relatada en el capítulo 20 del segundo libro de Reyes.

Y esto fue lo que aprendí en ese momento. Un rey llamado Ezequías se enfermó y Dios le envió a un profeta para decirle que se prepare para morir. Cuando el rey escucha lo que Dios había decidido hacer, llorando le ruega a Dios que recuerde como él había vivido su vida agradándole con un corazón íntegro. Entonces al oír Dios su oración, hizo que el profeta regresara a decirle al Rey que si había escuchado sus ruegos y que lo sanaría y le daría quince años más de vida. Y hasta le dio una señal para que el Rey supiera que efectivamente Dios estaba en el asunto.

Cuando leí esa historia pude imaginar a un Dios que no se puede mostrar indiferente ante el quebranto de una persona que clama a Él, y mi corazón anidó una esperanza y me tomé de esa historia para clamar a Dios para que revirtiera las cosas en mi situación.

En mi caso yo no tenía una enfermedad, sino que acababa de vivir la dolorosa y vergonzosa experiencia de quedarme con todos los preparativos listos para casarme. Te imaginarás lo que representa para una mujer estar a punto de casarse y que te digan que siempre no habrá boda. Fue algo tan vergonzoso de afrontar sobre todo con mis padres porque ellos de alguna manera me habían aconsejado que esperara. Sin embargo, yo era muy voluntariosa, siempre me gustaba hacer las cosas como a mí me parecía mejor. Prefería equivocarme antes que dejar de hacer lo que quería.

Recuerdo que a mi alrededor empecé a escuchar historias de parejas que cancelaban el mero día de la boda, y que otros llamaban para cancelar los preparativos del banquete, de las invitaciones, etc. Y eso me producía una sensación de incomodidad, pero trataba de ignorarlo. Pero Dios tiene una paciencia inagotable y se vale de muchos recursos para dirigirnos a tomar la mejor decisión, pero a pesar de tantas señales y coincidencias persistimos en hacer lo que es evidente que no es lo mejor. No te imaginas cuánto me lastimó esa decisión, y cuánto me hizo llorar. Afortunadamente tenía el trabajo que más había anhelado tener, así que eso me ayudó a mantenerme activa. Aunque en el fondo anhelaba que algo pasara.

Así que cuando leí la historia del rey Ezequías, yo pensé que en mi caso Dios podría revertir todo para cumplir el sueño de casarme. Y aunque si me casé en el año 2004, para ser honesta, yo sentía en lo profundo de mi corazón una sensación de estar viviendo en una voluntad permisiva y no en la voluntad perfecta. Y te aseguro que esa sensación es como estar pagando una condena.

En una ocasión una mujer a quien considero una mujer de Dios me preguntó: "¿Sara, quieres vivir en la voluntad perfecta o en la voluntad permisiva de Dios?" Y yo no supe que responder en ese momento, pero la verdad es que cuando me encontré en el punto donde se abrían dos caminos delante de mí, escogí vivir en la voluntad permisiva, porque con esa creía que satisfaría un deseo no cumplido.

La cancelación de la boda fue en el año 2000 y en el otoño del 2004 fue cuando vi cumplido mi deseo de casarme. Y fue hasta que estuve casada que Dios empezó a mostrarme lo necio y testarudo que era mi corazón y cómo era como un caballo sin domar al que no le gustaba que lo dominaran.

Dios tenía que enseñarme a ser dócil, no quería que perdiera mi fuerza, solo que aprendiera a someter esa fuerza. Y en una ocasión escuché que para que el Espíritu de Dios pueda trabajar con nosotros debemos darle la rienda y dejarlo que Él dirija el camino que debemos andar. Así como el jinete con el caballo. Durante el tiempo que estuve casada fue un proceso en el que descubrí que no me hacía falta nadie más para estar completa, empecé a sentir que no estaba en el lugar correcto y era muy incómodo porque sentía que yo sola me había encarcelado. Un día mi mamá me llamó por teléfono y sin hacer preguntas solo me dijo: "Hija, nadie va a tomar la decisión por ti". Las mamás tienen un sexto sentido y saben cuándo las cosas no están bien, aunque trates de ocultarlo.

Así que escuchar a mi mamá esa mañana me armó de valor para tomar la decisión de salirme. Ojalá allí hubiera terminado la historia y hubiera cerrado el ciclo, pero la verdad es que hubo factores en mi mente que me hacían pensar que tal vez si me esforzaba un poco podría hacer que el matrimonio funcionara. Porque después de todo nadie se casa para divorciarse, todos anhelamos hacer vida juntos para el resto de la vida. Así que lo volvimos a intentar, pero no duró mucho tiempo cuando volvimos a hablar del divorcio. El tema se tocaba tanto hasta que finalmente un día mientras vivíamos juntos me llamaron para que fuera a firmar el divorcio y sin dudarlo fui. Y estando allí me decía que todavía podíamos pensarlo bien, pero para mí ya no había nada que pensar porque si ya se había contratado al abogado es porque ya todo estaba decidido. ¿Me creerás si te digo que no fue el último intento? Después de ver la película de Cicatrices anidamos la esperanza de reconstruir todo y volver a casarnos. Entonces volvimos a vivir juntos hasta que nos convencimos de que no queríamos seguir intentando más, recuerdo que ese día fue diferente a todas las demás ocasiones. Ese día, aunque era doloroso, pudimos pedirnos perdón mirándonos a los ojos y deseándonos lo mejor porque ambos sabíamos que ninguno de los dos nos habíamos propuesto hacernos daño. Supe que ese día había cerrado un círculo y nunca más volvería atrás. Me sentí liberada por completo, esta vez no sentía esa sensación de quedar rota o incompleta, ahora me sentía fuerte y con esperanza. Le pedí perdón a Dios y logré sentir una sanidad en mi alma.

Ahora que ha pasado el tiempo y leo con otra óptica esa misma historia del rey Ezequiel, me doy cuenta de que si bien es cierto el rey Ezequiel se había comportado con un corazón íntegro delante de Dios hasta antes de enfermar. Después que Dios le concede vivir quince años más, se llenó su corazón de orgullo por todas las bendiciones que Dios le había permitido obtener.

Mira lo que dice la Biblia en 2 Crónicas 32:24-31 RV60

"Por ese tiempo Ezequías se enfermó gravemente. Así que oro al Señor, quien lo sano y le dio una señal milagrosa; pero Ezequías NO RESPONDIÓ DE MANERA ADECUADA A LA BONDAD QUE LE HABÍA SIDO MOSTRADA Y SE VOLVIÓ ORGULLOSO. POR ESO EL ENOJO

DEL SEÑOR VINO CONTRA EL Y CONTRA JUDA Y JERUSALÉN. ENTONCES EZEQUÍAS SE HUMILLÓ Y SE ARREPINTIÓ DE SU SOBERBIA, JUNTO CON EL PUEBLO DE JERUSALÉN. DE MODO QUE EL ENOJO DEL SEÑOR NO CAYÓ SOBRE ELLOS DURANTE LA VIDA DE EZEQUÍAS".------------

Leí completa esta historia mucho tiempo después y entonces llegué a mi propia conclusión. Prefiero vivir en la perfecta voluntad de Dios, que volver a rogar que me permita ver mis planes cumplidos. He decidido dejar que mi corazón se alegre con sus designios porque su voluntad es buena, agradable y perfecta.

Esta experiencia me ha hecho entender que, en nuestra vida, quizá Dios declare la muerte en un proyecto, de una relación, de una carrera profesional, etc., y lo hace porque sabe que esos planes nos pueden a arruinar al final.

"Arruiné tus planes, porque tus planes te iban a arruinar a ti"

Esta fue una frase que me hizo mucho sentido cuando la escuché y espero que pueda ser de ayuda para ti para reconsiderar esa decisión que sabes que necesita ser sometida a la voluntad de Dios.

¿Hay algo que Dios ha declarado muerto en tu vida, pero aún te sigues aferrando?, te puedo decir que es probable que Dios te permita que no se muera y viva algún tiempo más, pero yo te puedo decir por mi propia experiencia y por lo que me enseñó la historia del rey Ezequías, que es mejor aceptar cuando Dios dice hasta aquí.

*"Los planes son del hombre; la palabra final
la tiene el Señor".*
Proverbios 16:1 DHH

CAPÍTULO 10

ENTRÉGAME TUS SUEÑOS

"Porque yo sé los planes que tengo para ti"
Jeremías 29:11

Si recuerdas en el capítulo siete te conté que en una ocasión Dios me dijo *"ENTRÉGAME TUS SUEÑOS"*, pues ahora en este capítulo me gustaría contarte algunos detalles que fueron muy interesantes cuando Dios me habló, porque en esta ocasión realmente fue una conversación que me hizo tomarme muy en serio lo que Él estaba susurrando a mi corazón. Después de todo ya conocía las advertencias de Dios y no quería volver a vivir las consecuencias de hacer caso omiso a su consejo.

Después de que me divorcié y se dio por concluida la relación, quise estudiar Psicología, así que me fui a inscribir a la Universidad y en el curso propedéutico nos pidieron elaborar un PLAN DE VIDA. Así que dejé volar mi imaginación y plasmé todo lo que soñaba hacer con la profesión y entre las cosas que vinieron a mi mente fue escribir un libro. Cuando terminó el curso, yo esperaba con ansias que empezaran las clases y para mi sorpresa me avisaron de la Universidad que no se había completado el grupo para la carrera de Psicología y me devolvieron lo que había pagado. Pero como te había comentado en otro capítulo nunca veo los obstáculos como fin de un proyecto, siempre busco alternativas y en este asunto no fue la excepción, así que me puse a investigar en qué Universidad ya estaban en clases y me inscribí.

Estuve tomando las clases con un grupo de jóvenes superlindos con los que hice clic muy padre, pero el gusto me duró solo unos meses porque Dios empezó a inquietarme y fue entonces cuando me encontré en la iglesia en esa reunión donde terminé en el piso llorando al escuchar a Dios pedirme que le entregara mis sueños. Mientras yo escuchaba esa canción de Abel Zavala de fondo, Dios repetía: ¡*Entrégame tus sueños!*, y venía a mi mente la imagen de ese plan de Vida que yo había escrito en el curso propedéutico.

Al día siguiente me levanté para tener un día normal, sin pensar mucho en lo que había pasado en la iglesia. Pero mientras me secaba el cabello, vino a mi mente una pregunta: ¿Qué vas a hacer? Y sin que siquiera pudiera pensar en una respuesta. Me hizo un recorrido por el tiempo y escuché lo siguiente:

"*¿Te acuerdas cuando te ibas a casar la primera vez y te quedaste con el vestido de novia sin estrenar? Lo mismo acaba de pasar con la carrera de psicología hiciste preparativos, pero no se abrió la carrera. Si tú quieres puedes continuar con tus planes, pero no es lo que yo tengo para ti*". En ese momento llamé a la Universidad para darme de baja porque estaba convencida de que no quería volver a sufrir por hacer las cosas a mi manera.

Tú podrás decirme: "pero, ¿qué tenía de malo que estudiaras psicología?", quizá nada, pero hoy que ha pasado el tiempo me alegro de haber escogido no persistir en mi plan y quedarme tranquila esperando a que se acomodaran las cosas para bien.

Con esto no quiero que pienses que Dios no nos da la libertad de soñar acerca del futuro. Realmente creo que como dice la Biblia en Filipenses 2:13 "Él *produce por medio del Espíritu que mora dentro de nosotros querer hacer cosas*". Por eso de allí en adelante antes de cada decisión me tomaba un tiempo para hablarle a Dios acerca de esas cosas que deseaba hacer y pude ver cómo me enviaba una fuerte convicción de proseguir o de desistir en algunos casos.

Lo mejor que podemos hacer es dejarnos aconsejar por Dios, porque eso nos garantiza que no daremos golpes al aire, que no nos desgastemos en proyectos que no nos corresponden y seremos efectivos en aquello en lo que Dios nos quiere ver involucrados.

¿Te gustaría contar con la aprobación de Dios y tener la plena confianza de que Él le ha dado el visto bueno a tus proyectos? Yo he descubierto que cuando yo le digo que sí a sus planes y me niego a seguir insistiendo en aquello que ya me ha dicho que no haga, salgo ganando, me libero de tensión y vivo una paz que no se compara con nada en este mundo.

En Proverbios 16 tenemos algunas promesas al confiar nuestros planes a Dios:

- Nos garantiza éxito.
- Nos pone en paz con nuestros enemigos.

Cuando estamos atentos a su instrucción, nos hace prosperar y nos llena de gozo.

Dios es sabio, por eso es el consejero más confiable que puedes tener. Él sabe lo que es mejor para nosotros y si atendemos atentamente a sus instrucciones veremos y disfrutaremos de bendiciones que vienen acompañadas de gozo y paz.

Esta es una promesa que podemos esperar de parte de Dios.

"....Pero luego vendré y cumpliré todas las cosas buenas que les prometí, y los llevaré de regreso a casa. Pues yo sé los planes que tengo para ustedes, son planes para lo bueno y no para lo malo, para darles un futuro y una esperanza".
Jeremías 29:10-11 NTV parafraseado.

Ahora quisiera animarte a entregarle tus sueños a Dios. No tengas temor acerca del futuro porque te aseguro que cuando Dios encuentra a una persona que se entrega completamente y le cree no será avergonzada.

"¡No presumas hoy de lo que piensas hacer mañana; nadie sabe lo que traerá el futuro!"
Proverbios 27:1 TLA

CAPÍTULO 11

NUEVOS COMIENZOS

... "Sígueme"...
Juan 21:19

Una vez que me di de baja en la universidad y que renuncié a mi trabajo vino con mucha insistencia una palabra que me hizo estar más y más convencida de que Dios me estaba redireccionando para tomar una ruta diferente, y lejos de sentir incertidumbre me inundaba una profunda paz.

"Mucha paz tienen los que aman tu ley,
Y no hay para ellos tropiezo".
Salmos 119:165 RV60

"Tú guardarás en perfecta paz a todos los que confían en ti;
a todos los que concentran en ti sus pensamientos".
Isaías 26:3 NTV

Con esa certeza comencé con los preparativos de inscripción en el instituto y no creas que todo fue muy fácil y que no tuve que experimentar oposición, ¡claro que la viví! Sin embargo, eso no me hacía dudar. Hubo voces de personas muy cercanas a mí que me decían: "¿cómo dejas tu seguridad para irte a empezar de cero?" Pero justo cuando esas palabras venían Dios se encargaba de decirme "*CONFÍA, yo estoy contigo*".

Una madrugada me desperté y al encender la radio escuché una canción que era la primera vez que la oía, y como en la letra decía CONFÍA, agarré mi libreta y mi pluma y escribí el coro, para después buscar quién cantaba la canción y oírla nuevamente.

Confía en Él,
da un paso de Fe,
Confía en Él,
y verás esos muros caer
Confía en Él,
No temas, de tu lado va,
No te dejará caer.
Confía, aunque no puedas ver.

Patty Tamares.

Este coro me fortaleció y me hizo compañía durante el proceso de espera, porque te cuento que para ingresar al instituto tienes que enviar una carta de recomendación pastoral junto con la solicitud y después esperar a que te llamen para una entrevista personal con el Director. Recuerdo que faltaba una semana para que empezaran las clases y no me habían llamado y estando en mi cama una mañana le dije a Dios: "Padre, no sé por qué no me han llamado, yo renuncié a mi trabajo convencida de que tú deseas prepararme, pero aún si no me llaman, aquí estoy, tienes toda mi atención".

Esa misma mañana recibí la llamada para ir a la entrevista. Esa entrevista que tan solo duro cinco minutos me hizo regresar a mi casa no solo confiada, sino con esperanza porque de forma muy amorosa el director me dijo: "Sara este año es el 2008 y el 8 representa nuevos comienzos, Dios nos da nuevos comienzos. Eres bienvenida". *Wow* no sabes cuánto representaron esas palabras para mí, porque para ser honesta en el fondo de mi corazón sentía que yo había quedado marcada ante la sociedad con un estado civil que provoca que la gente se escandalice. Sin embargo, él sin darse cuenta estaba restaurando mi identidad.

Me imagino que así se sintió Pedro después de haber negado a Jesús. Sabía que ahora sería recordado como el discípulo que negó a su maestro en tres ocasiones. Él sentía que no merecía una nueva oportunidad, por eso volvió a su antiguo oficio sin saber que el mismo que lo había llamado una vez, volvería a buscarlo para decirle por segunda vez "*SÍGUEME*".

Cuando fallamos, creemos que ya no podremos volver a empezar porque somos atormentados por esos pensamientos de culpa. Pero Jesús nos conoce y sabe que como estamos tan avergonzados para ir a buscarlo Él se acerca hasta donde estamos para restaurarnos.

En el capítulo 21 del evangelio de Juan pude ver que Jesús se acerca hasta la orilla del mar donde Pedro fue a pescar y les dice que echen sus redes a la derecha y mientras los discípulos están pescando, Jesús empieza a prepararles el desayuno, ¿te imaginas la escena?

Quizá por algún suceso ocurrido en tu vida, has estado escuchando pensamientos que te condenan y te dicen que no eres digno de acercarte a Jesús, pero te aseguro que esas palabras de condenación no provienen del espíritu de Dios, porque Jesús no vino a condenarnos, sino que Él vino precisamente para salvarnos de una condenación eterna y temporal de este mundo.

Lo único que tenemos que hacer, es lo que Pedro hizo, saltar de la barca e ir a la orilla donde Jesús nos espera para aderezar la mesa delante de esos que nos angustiaron.

Tú no tienes que esperar a que el calendario vuelva a marcar 8 porque en Jesús cada día es una oportunidad para darte un Nuevo Comienzo.

"Grande es su fidelidad; sus misericordias son nuevas cada mañana".

Lamentaciones 3:23 NTV

CAPÍTULO 12

EL PERDÓN

……."Perdonen, como han sido perdonados"…..
Colosenses 3:13 TLA

Cuando comenzaron las clases y vi que llevaría una clase que se llama *Noviazgo y Matrimonio* como que me sentí un poco incómoda, pero bueno no podía dejar de tomarla, así que un día mientras estaba la clase, recuerdo que el tema era acerca del PERDÓN y me llamó mucho la atención porque era la primera vez que escuchaba acerca del Perdón desde esa perspectiva, así que puse toda mi atención.

En esta clase el Pastor mencionó que nos mostraría que el Perdón, para que esté completo y sea efectivo, debe abarcar estos tres aspectos:

- Perdón de Dios,
- Perdón al ofensor,
- Perdón a nosotros mismos.

Si recuerdas te platiqué todos los intentos que tuvimos para tratar de mantener el matrimonio, sin embargo, llegó un punto en el que ambos nos dimos por vencidos y creímos que lo mejor para los dos era seguir nuestras vidas por separado. Y aunque creo que el día que nos despedimos, nos perdonamos, aún había trabajo pendiente por hacer que desconocía acerca del perdón y creo que por eso me sentía marcada ante la sociedad y me incomodaba tanto escribir estado civil divorciada. Inconscientemente me recriminaba a mí misma por esa situación.

Y esa clase en particular hizo algo impresionante ese día, porque fue como si hubieran tomado una radiografía de mi corazón y me la hubieran mostrado en ese momento y entonces pude ver que el problema era que yo no me había perdonado a mí misma. No sé si te puedes imaginar cómo me sentí al escuchar esto, fue tan fuerte, que recuerdo que tuve que levantarme para salir al baño a llorar como una Magdalena.

Agradezco tanto a Dios por esa clase, porque de verdad me liberó totalmente.

Cuando Dios quiere llenarnos de Él, primero se asegura de vaciarnos de todo lo que puede ocupar espacio y contaminar su depósito.

Si al igual que yo, es la primera vez que escuchas esto acerca del perdón te sugiero que no hagas caso omiso y te des la oportunidad de ver con toda sinceridad la condición de tu corazón, porque solo así es como podemos ser liberados complemente.

No importa qué tan escandaloso sea nuestro pecado, él nos ofrece su perdón y Dios nos dice:

"Venid luego, dice Jehová, y estemos a cuenta: si vuestros pecados fueren como la grana, como la nieve serán emblanquecidos; si fueren rojos como el carmesí, vendrán a ser como blanca lana".

Isaías 1:18 RV60

Dios desea que nuestro corazón permanezca limpio, sin resentimientos ni amargura por falta de perdón, por eso nos aconseja que:

"Sean comprensivos con las faltas de los demás y perdonen a todo el que los ofenda. Recuerden que el Señor los perdonó a ustedes, así que ustedes deben perdonar a otros".

Colosenses 3:13 NTV

Además, él quiere que sepamos que su perdón es definitivo y nunca más nos atormentará con el pasado por eso nos dice:

"Nunca más me acordaré de sus pecados y sus transgresiones".

Hebreos 10:17 NTV

"Volverás a tener compasión de nosotros. ¡Aplastarás nuestros pecados bajo tus pies y los arrojarás a las profundidades del océano!

Nos mostrarás tu fidelidad y tu amor inagotable, como lo prometiste hace mucho tiempo a nuestros antepasados Abraham y Jacob".
Miqueas 7:19-20

Y por último te quiero animar a repetir estas verdades cuando escuches las mentiras que te acusan en tu mente.

"Por lo tanto, ya no hay condenación para los que pertenecen a Cristo Jesús; y porque ustedes pertenecen a él, el poder del Espíritu que da vida los ha libertado del poder del pecado que lleva a la muerte. La ley de Moisés no podía salvarnos, porque nuestra naturaleza pecaminosa es débil. Así que Dios hizo lo que la ley no podía hacer. Él envió a su propio hijo en un cuerpo como el que nosotros los pecadores tenemos; y en ese cuerpo mediante la entrega de su Hijo como sacrificio por nuestros pecados, Dios declaró el fin del dominio que el pecado tenía sobre nosotros".
Romanos 8:1-3 NTV

CAPÍTULO 13

YO SOY TU PROVEEDOR

……"Dios provee la semilla al que siembra"…..
2 Co.9:10

Cuando terminó mi primer trimestre fui a pasar las vacaciones con mi mamá, y mientras estaba limpiando mi cuarto moví la cama para barrer bien y estaban tiradas en el piso dos monedas, una de $1.00 peso y una moneda de $10.00 pesos. Inmediatamente que las vi, oí en mi mente *"YO SOY TU PROVEEDOR"*, las recogí y no pensé nada al respecto.

Al día siguiente mi mamá me acompañó a la Iglesia y yo me sentí un poco triste porque solo tenía ochocientos pesos para regresar al instituto y entonces le dije en mis pensamientos a Dios: *"Señor, quisiera darte primicias, pero no tengo para darte".*

Entonces cuando estábamos recogiendo la ofrenda, una señora me dijo que si por favor le daba un sobre y yo fui por el sobre para entregárselo y ella puso dinero y me dijo: "Esto es para ti". Luego cuando se terminó la reunión se acercó un señor con su hija y puso dinero en mi mano y otra señora hizo lo mismo. Yo me sentí tan feliz y agradecida con Dios porque me había dado semilla para sembrar. No me quedé con la semilla, yo la di toda porque la había pedido no para mí, sino para darla.

Durante el tiempo que estuve en el instituto, dos amigos se comprometieron a pagar las mensualidades porque sintieron que Dios deseaba que lo hicieran y yo estaré eternamente agradecida por el tiempo que lo hicieron.

Yo tomaba clases de lunes a viernes de 7 de la mañana a 1:00 pm, así que tenía tiempo para mis tareas, mis deberes y me quedaba tiempo para trabajar medio tiempo. Así que empecé a trabajar a media cuadra del instituto, pero el gusto me duró muy poco porque como íbamos a realizar un viaje misionero y no tenía derecho a vacaciones tuve que renunciar. En esos días leí un versículo que me retumbó por dentro, porque era como una orden.

"Ninguno que milita, se enreda en los negocios de la vida, a fin de agradar a aquel que lo tomó por soldado".
2 Timoteo 2:4 RV60

Pero de alguna manera tenía que obtener recursos, fue cuando empecé a vender galletas en un crucero porque era una manera de obtener recursos sin estar sujeta a un horario. Y haciendo esta labor pude ver la mano de Dios cuidándome, y dándome gracia porque yo compraba las galletas a $1.00 peso, sin ponerles precio las personas eran muy generosas conmigo, me daban cantidades que no te puedes imaginar.

En una ocasión en particular, recuerdo que me había quedado como con $50 pesos, solo me alcanzaba para los camiones y compré como 25 galletas y me arrodillé y le dije a Dios antes de irme al crucero, necesito $500.00. Ese día regresé con $500.00 y un corazón agradecido. Como era mi período vacacional y no tenía dinero le dije a Dios: "Padre yo renuncié a todo porque creo con todo mi corazón que tú me llamaste y que eres un Dios real, no te estoy cobrando, solo quiero ver que eres tú quien me tiene aquí. Quiero regresar con $1,000.00". Fui a comprar como unas 80 galletas y mientras las vendía no estaba contando lo que me daban, pero ese día las personas más generosas pasaron por ese crucero, una persona bajo el vidrio y me dio $500.00 por un paquete de galletas y cuando llegué y conté el total me daba exactamente $1,000.50 y Dios me dijo: "*Si más me pides, más te doy*". Dios conoce mi corazón y sabe que no lo hacía por el dinero, lo hacía porque quería alimentar mi convicción, yo sabía que Él es mi proveedor.

En otra ocasión, un viernes estuve en oración y a pesar de que se me había acabado la despensa y no tenía nada para comer al día siguiente, te aseguro que de todas las cosas que oré, en ningún momento le mencioné a Dios ese asunto. El sábado en la mañana, me levanto y me dicen unas chicas: "Sara, te dejaron una caja abajo". Yo bajé por ella y era una abundante despensa.

También recuerdo a una hermosa mujer que llegó con bolsas y bolsas de despensa y principalmente todas esas cosas que nos mantienen impecables y olorosas a limpio. Un día me invitó a comer a su casa y me trataron de una manera tan especial ella y su esposo, ella le hace honor a su nombre, es un Alma de Dios.

Y cómo olvidar todas las veces que Karina sembró tanto económica como espiritualmente en mi vida. Ella es una chica que conocí en el Concierto de Marco Barrientos en el año 2008.

Y principalmente estoy profundamente agradecida con mi mamá porque a pesar de que cuando me fui al instituto ella estaba enojada conmigo por haber dejado mi trabajo. Pero un día que fui de vacaciones sacó todas sus joyas y se desprendió de ellas para que yo las vendiera y así pudiera pagar en la escuela.

Dios se mueve de muchas maneras para proveernos de recursos, así que cuando le creemos por la provisión, eso no significa que no tendremos que ser probados en esa área, pero te aseguro que siempre está ahí para proveerte de las maneras menos esperadas. Él es digno de confianza.

CAPÍTULO 14

INTERVENCIÓN

..."Te envíe ayuda desde el santuario"...
Salmos 20:2

Como todo inició tiene un final, pues finalmente me gradué del instituto en el verano del año 2010. Entonces llegó el momento de pedirle consejo a Dios para saber que seguía en mi vida.

Aún estaba viviendo en el instituto y una noche platicando con Dios le dije: "Padre si tú tienes algo para mí aquí en Monterrey, te pido que me des un trabajo mientras me muestras qué debo hacer". Entonces llené 6 solicitudes de trabajo y le dije: "Mañana en la mañana llevaré estas solicitudes, pero si tú tienes algo para mí, te pido que intervengas".

A la mañana siguiente estaba en la oficina de admisiones y le pedí permiso al hermano Hilario, para ir a dejar las solicitudes de trabajo. Y justo en ese momento llegó Doris una exalumna de CFN quien tiempo atrás también estuvo en admisiones y nos saludamos con mucho gusto y entonces el hermano Hilario me dijo: "¿por qué no vas al Colegio Maranatha? Seguro que ahora que están de vacaciones puede haber una vacante". Pero a mí me daba pena molestar, en realidad yo pensaba dejar mis solicitudes en unas oficinas cercanas al instituto, pero entonces Doris me insistió tanto y me dijo: "Saris, yo te llevo", y por más que le dije: "no te preocupes, no voy muy lejos, yo me voy caminando". Ella insistió y ante su amorosa insistencia, yo recordé las palabras que le dije a Dios: "Te pido que intervengas". Entonces le dije: "Está bien vamos al Colegio".

Llegamos al Colegio y me dijeron que sí había una vacante, así que me entregaron una solicitud para que la llenara y me dijeron que se la turnarían a la directora y que ellos llamaban. Al día siguiente me llamaron para avisarme que me darían una entrevista. Fui a la entrevista y fui muy honesta con la directora y le dije que estaba esperando la siguiente instrucción de Dios en mi vida y a la semana siguiente ya estaba trabajando en el Colegio.

A la par que me dio un trabajo, me sorprendió cuando Mary Jardines una señora preciosa que conocí en la Iglesia Rey de Reyes me ofreció vivir en una recámara independiente que tenía desocupada en su casa. Es maravilloso vivir con la plena confianza de que Dios está al pendiente de todas tus necesidades.

Yo me había graduado el 10 de julio y para agosto de ese mismo año ya tenía un trabajo y un hermoso y tranquilo lugar donde vivir. Parecía que todo se había acomodado a la perfección. Y yo me sentía completamente satisfecha, no me hacía falta nada más, ni siquiera me preocupaba el siguiente paso, porque al ver cómo Dios acomodó todo en tan corto tiempo, eso me producía mucha tranquilidad.

Hoy más que nunca estoy convencida de que Dios siempre está listo para actuar en aquellos asuntos que le permitan intervenir. Él es capaz de mover personas para que nos ayuden a acceder a oportunidades que ni siquiera habíamos imaginado.

Por eso a partir de que experimenté en mi propia vida, las intervenciones de Dios, empecé a poner mis asuntos en oración y esperar pacientemente a que él me fuera guiando, esto no es algo místico, más bien es bíblico.

"Con paciencia esperé que el Señor me ayudará, y él se fijó en mí y oyó mi clamor".
Salmos 40:1 NTV

En la Biblia fui encontrando enseñanzas acerca de poner nuestros planes en las manos de Dios y confiar que él haría que esos planes prosperen. Empecé a poner en práctica orar antes de tomar una decisión y no moverme hasta no estar completamente segura de que Dios me había aconsejado que hacer.

Quizá pueda parecer exagerado, pero a mí me ha funcionado, por eso quise incluir este capítulo para compartirte que yo creo que Dios desea que entremos en una comunión tan estrecha, en la cual logremos desarrollar nuestra confianza en Él como nunca. Que podamos presentarnos ante Él, tal y como somos para expresarle cómo nos sentimos con respecto al futuro, al presente o incluso ante el pasado. Creo que hemos heredado formas teológicas y eclesiásticas que nos impiden relacionarnos con el Dios creador y eso nos roba la bendición de verlo como ese Dios que nos ama como un padre ama a su hijo y quiere ayudarlo a alcanzar su máximo potencial.

No te creas que siempre fue fácil para mí ver a Dios, así como te lo describo en este capítulo, pero Él mismo se reveló a mí en cada petición que le hacía, ya sea en forma audible, o incluso antes de siquiera pronunciar una palabra. Él se encargó de demostrarme que cuando yo oraba, él estaba inclinando su oído para escucharme y entonces empecé a poner más atención en todos los detalles y fue cuando comencé a percibir con todos mis sentidos su intervención. Quizá no te habías dado cuenta de que Dios ya ha empezado a intervenir en tu vida porque esperabas una experiencia religiosa y mística, pero a Dios de repente le gusta aparecerse caminando entre nosotros como lo hizo en el camino a Emaús. (Lucas 24:35-45 NTV).

"Luego los dos de Emaús les contaron cómo Jesús se les había aparecido mientras iban por el camino y cómo lo habían reconocido cuando partió el pan. Entonces, justo mientras contaban la historia, de pronto Jesús mismo apareció de pie en medio de ellos. La paz sea con ustedes, les dijo. Pero todos quedaron asustados y temerosos; ¡pensaban que veían un fantasma! ¿Por qué están asustados? – Les preguntó –. ¿Por qué tiene el corazón lleno de dudas? Miren mis manos. Miren mis pies. Pueden ver que de veras soy yo. Tóquenme y asegúrense de que no soy un fantasma, pues los fantasmas no tienen cuerpo, como ven que yo tengo. Mientras hablaba, él les mostró sus manos y sus pies. Aun así, ellos seguían sin creer, llenos de alegría y asombro. Entonces les preguntó: ¿Tienen aquí algo para comer? Le dieron un pedazo

de pescado asado, y él lo comió mientras ellos miraban. Entonces dijo: Cuando estaba con ustedes antes, les dije que tenía que cumplirse todo lo escrito acerca de mí en la ley de Moisés, en los profetas y en los Salmos. **<u>Entonces les abrió la mente para que entendieran las Escrituras</u>**".

Cuando leí por primera vez este relato me sentí tan identificada, porque por un tiempo así estuve. Ahora puedo recordar y platicar cómo estos dos discípulos que en el camino me acompañó, pero no lo reconocí. Sin embargo, él abrió mi mente y por eso deseo que Él lo haga en ti también.

CAPÍTULO 15

ACOMPAÑADA

…*"Te desposaré"*…

Oseas 2:19 RV60

Estaba disfrutando tanto esta etapa, porque a pesar de no contar con las mismas comodidades que tenía antes de venir a Monterrey, sentía dentro de mi ser una profunda sensación de satisfacción. Durante toda mi vida me había esforzado para ser una profesionista independiente y cuando lo logré eso solo me llenó de vacío, pero ahora que había determinado en mi corazón ser totalmente dependiente de Dios empecé a experimentar algo que se llama contentamiento, lo cual viene cuando estás satisfecho con lo poco o mucho que tienes porque sabes que estás en sincronía con Dios.

Cuando más completa me sentía, recuerdo que diferentes personas me hicieron la siguiente pregunta: "¿Ya te casaste?" Parecía como si se hubieran puesto de acuerdo para hacerme la misma pregunta. No te miento cuando te digo que por lo menos tres personas en diferente día y lugar me hicieron la misma pregunta. Esa pregunta, me hizo tener una conversación con Dios. La verdad no tenía idea de cómo preguntar, pero solo le dije a Dios. "Padre, me han estado haciendo la misma pregunta y ahora yo te pregunto a ti, ¿te voy a servir sola o acompañada?" No me hizo esperar, su respuesta fue inmediata y muy convincente. "*¡ACOMPAÑADA!*" Entonces yo le pedí una cosa muy específica: "Padre, te pido por favor que el hombre que tienes para mi compañero de vida, tú pongas en su corazón una seguridad de que soy yo la esposa que tienes para él, quiero que cuando Él me vea lo sepa".

Se despertó en mi corazón una seguridad de que pronto conocería a mi esposo. Justo por esos días se acercaban las vacaciones, así que fui a pasar la Navidad con mi mamá y le dije el 31 de diciembre: "¡Mami pronto voy a conocer a mi esposo!", y ella me respondió: "¡Sí, Dios ya me tiene orando por tu esposo!" Y le dije: "¡Lo quiero guapo!" Y ella se rio tanto y me dijo: "Así será".

Cuando terminaron las vacaciones regresé a Monterrey, y un día una chica que estuvo conmigo en el instituto, me buscó para platicarme que en su trabajo estaba muy incómoda y que si yo sabía de alguna vacante y si la podía recomendar. En ese momento recordé que una persona les había dado trabajo a otros compañeros del instituto y le dije que estaba segura de que él le podía dar trabajo. Y ella me respondió que no lo conocía y yo le conté que yo sí lo conocía y que cuando nos graduamos él me había publicado en mi Facebook que podía contar con él, si algo se me ofrecía. Pero que me daba vergüenza pedirle el favor, porque después de esa publicación que me hizo lo había bloqueado porque yo en realidad no quería relacionarme con él. Pero le dije: "Mira, vamos a hacer lo siguiente, le mandaré un *inbox* para decirle que tú necesitas trabajo, le pido su número de celular y luego tú te pones en contacto con él". Ella estuvo de acuerdo. Así que envíe el *inbox*, y luego de pasarle el número de celular a Lesly me olvidé del tema. Pero luego tenía una solicitud de amistad de él en mi *Facebook* y pues la verdad ya no tenía cara para negarle la solicitud, así que la acepté.

Pasaron los días y un sábado me sentía muy energizada porque había tomado mucho té y publiqué en mi estado algo al respecto, entonces él puso un comentario en mi publicación y me decía que estaba buscando a una esposa, que supiera de impuestos y que si yo sabía de una que le avisara.

Luego ese mismo día por *inbox* me escribió y me invitaba a salir a tomar un café, pero yo le dije que no saldría ni con él ni con nadie, porque estaba muy tranquila así. Y entonces me dijo: "Si no quieres ir sola, puedes llevar a una amiga". Y siguió insistiendo mucho y fue muy graciosa su forma de invitarme, por eso seguí platicando con él. Y luego de insistir se puso serio y empezó a decirme: "Sara, yo no sé por qué desde el día que te vi bajando de los dormitorios en el instituto pregunté por ti y les dije que yo me iba a casar contigo. Recuerdo que cuando bajaste llevabas la Biblia en una mano y en la otra llevabas un café, me di cuenta de que te gustaba mucho el café porque siempre bajabas con café por eso te envíe una cafetera, que por cierto me regresaste. Y cuando yo te veía sentía que te quería y cuando le preguntaba a Dios por una esposa, tú venías a mi mente". Entonces según yo para quitármelo de encima, le dije: "Mira qué te parece si ayunamos juntos dos días y luego vemos qué pasa", y él sin pensarlo me contestó: "Dos días no, mejor una semana". La verdad no me esperaba esa respuesta, pensé que me iba a dar el avión. Luego pasó algo bien curioso, mientras estábamos platicando por *inbox*. Una amiguita que estuvo en el instituto actualizó su estado con el versículo de Oseas 2:19 *"Te haré mi esposa para siempre, mostrándote rectitud y justicia, amor inagotable y compasión"*.

Así que comenzamos el ayuno solo de líquidos el siguiente lunes, de hecho, recuerdo que estuvimos platicando durante casi todo el día porque fue día de asueto. Pero para el martes en la noche yo estaba que no aguantaba el dolor en la boca del estómago y le conté cómo me sentía y su reacción inmediata fue empezar a orar por mí y luego me dijo: "yo sigo el ayuno por los dos, tú come algo". Obvio que con su reacción empezó a ganar terreno en mi corazón, y luego al día siguiente me platicó algo que le pasó mientras iba manejando en su camioneta. Me contó que tenía varios cds puestos y que estaban puestos en aleatorio, entonces nunca escuchaba las mismas canciones en el trayecto de su casa al trabajo. Pero que ese día en particular, escuchó una canción que lo hizo detenerse porque no podía parar de llorar. Eso me sorprendió mucho y más cuando escuché la letra de la canción. (*Una rosa blanca* que cantan los Hijos de Asaf)

Y recuerdo que me dijo, pero yo no te quiero influenciar, vamos a seguir con el ayuno hasta el viernes como habíamos acordado y así le hicimos. El viernes nos vimos en la reunión de oración de su iglesia. Yo llegué cuando ya todos estaban orando y entré muy silenciosamente y lo vi orando. Al final cuando terminó la reunión se acercó a saludarme y fue muy impactante ese momento porque me abrazó tan fuerte y con tanta ternura y dijo mientras me abrazaba: "Gracias, Dios por traer a Sara". Recuerdo que me sentí como si estuviera en un aeropuerto y nos hubiéramos reencontrado después de mucho tiempo. Al día siguiente fuimos a cenar, recuerdo ese día con tanto detalle porque él se portó como todo un caballero.

Paso una semana más y me dijo: "Sara, yo no tengo nada que pensar, no quiero que seas mi novia, quiero que seas mi prometida". Yo sentí paz en aceptar y como justo en esos días yo tenía un viaje a Matamoros, me acompañó y le pidió permiso a mi papá y a mi mamá y así quedó oficial nuestro compromiso. Comenzamos con nuestros preparativos para la boda, y justo seis meses después nos estábamos casando en el kiosko del instituto donde estudiamos.

Ha pasado una década y Dios nos ha bendecido con dos hijos y juntos hemos vivido de todo un poco y sé que aún hay más cosas que nos esperan tomados de la mano de Dios.

CAPÍTULO 16

GOLPES DE FE

…"Creo, pero ayúdame a superar mi incredulidad"…
Marcos 9:24 NTV

Desde que empecé a percibir a Dios y estar más consciente no solo de su existencia, sino de su presencia, les platicaba a las personas acerca de Dios, casi siempre la conversación surgía sin proponérmelo, en realidad cualquier tema era redireccionado hacia Dios. Era como si me hubieran instalado un chip de evangelismo personal, nunca planeaba hacerlo, simplemente sucedía. Y conforme conversaba con otros acerca de Dios, mi convicción acerca de Él se fortalecía porque al ver la aceptación hacia el mensaje, yo pensaba, que tenía que ser Dios quién hacía posible que ellos recibieran mis palabras, porque en realidad yo no estaba preparada para hacerlo, pero algo sucedía. Algunas veces la conversación terminaba en oración, en lágrimas, en confesión, en sanidad y en salvación. Algo me había sucedido, sin lugar a duda, algo de Dios se instaló en mí, porque ni siquiera era mi plan. Recuerdo que la mayoría de las veces que hacía esto era cuando nadie me veía, en los lugares y con las personas que menos te puedas imaginar, incluso nunca he hablado de esto con nadie, solo Dios me vio hacerlo un sinfín de veces y aún lo sigo haciendo y lo seguiré haciendo porque, aunque lo quisiera evitar no puedo, algo más fuerte que yo me impulsa a hacerlo.

Creer en Dios y en sus obras me cambió la vida, por eso lo recomiendo a cuanta persona creo que está lista para escuchar su mensaje fuera de 4 paredes, nunca me ha gustado usar el tema de Dios para debate, respeto mucho cuando una persona aún no está lista para escuchar a Dios, porque entiendo que la obra sin la convicción que produce el Espíritu Santo puede terminar en una simple conversación infructuosa. Además, trato de no olvidar que yo misma en el pasado oí sin entender el mensaje que Dios intentaba darme a través de otras personas, y me consuela saber que, si Dios persistió conmigo, lo hará con los demás. Estoy convencida de que Dios nos conoce tan bien, por eso sabe cómo atraernos hacia su amor y cómo afirmarnos en la fe.

Mientras yo hablaba a otros de Dios, Dios continuaba hablándome a mí y ese se volvió mi estilo de vida, me sentía más viva que nunca. Pero aún había algo que no me dejaba, parecía que realmente tenía que resignarme a vivir de por vida con el dolor de migraña, ese dolor que estaba allí desde que despertaba y permanecía todo el día sin darme tregua. Desde los 18 años me diagnosticaron la migraña, pasé por varias opiniones médicas, las últimas dos opiniones fueron de neurólogos uno de ellos me hizo un electroencefalograma y me dijo que debía continuar con varios estudios, busqué la segunda opinión de una neuróloga y ella después de tomar radiografías de las fosas nasales me explicó que debido a una obstrucción en los senos paranasales no llegaba suficiente oxígeno y eso producía el dolor intenso y que debía operarme. Mientras escuchaba a la doctora, algo dentro de mí me decía: *"no le creas"*. Recuerdo que le pedí mis resultados y le dije que lo pensaría. Me fui a mi casa y guardé los resultados. Pasaron los días y un sábado mientras escuchaba a un predicador que oraba por diferentes enfermedades, mencionó la migraña y yo en ese momento creí que Dios podía sanarme. No creas que sentí algo, no sentí nada, pero yo sabía que había sanado, lo creí y la verdad ya no volví a pensar en el asunto, sino que después de unas dos o tres semanas me di cuenta de que no me había dolido la cabeza, y así como el día que la neuróloga me daba su diagnóstico, así podía escuchar en mi espíritu que había sanado. Y yo lo creí, lo creí y nunca hubo ni la más mínima duda acerca de mi sanidad. Lo mismo me pasó con una hernia en el ombligo, creí y nunca más me volvió a molestar, luego con una rodilla que me tronaba porque me la había lesionado haciendo ejercicio, sanó perfectamente. Con esto que te cuento no quiero que se malentienda que no creo en la medicina, creo en sus efectos y sé que en ocasiones la sanidad viene por medio de la medicina. Sin embargo, creo en el poder de Dios para sanar aun sin necesidad de ella.

Vivir estas experiencias en carne propia me dieron la confianza para orar por personas enfermas creyendo que Dios podría sanarlas, porque si lo había hecho conmigo, lo podría hacer con ellas. Y uno pensaría que una vez que logras creer, nunca te abordará la duda, sin embargo, una madrugada cuando uno de mis hijos ardía en treinta y nueve grados de temperatura, recuerdo que él empezó a hablar incoherencias y se estremecía y yo de verdad sentía tanta angustia en mi corazón al verlo así, entonces le dije que le daría la medicina y oraríamos para que Dios lo sanara, y me gustaría decirte que de inmediato se recuperó, pero esa angustia se prolongó por cuarenta y ocho horas y durante esas horas sentí como si mi fe hubiera sido golpeada porque no entendía cómo en el pasado mi fe había desafiado a los diagnósticos médicos, pero ahora cuando se trataba de la salud de mi hijo no había podido lograr que mi fe lo librara de inmediato de vivir esa agonía. Pero doy gracias a Dios porque Él siempre nos trae a la memoria su palabra para darnos una enseñanza. En Marcos 9:14-24 se relata la historia de un hombre que le pide a Jesús que sane a su hijo, pero se lo pide de una manera diferente a como otros pedían, algo en particular que noté en su petición, es que él le dice honestamente a Jesús que sí cree que puede sanar a su hijo, pero que lo ayude en su incredulidad. Y eso me puso a pensar, porque en realidad yo sí creía en el poder que hay en el nombre de Jesús para recibir sanidad, sin embargo, cuando oré con mi hijo por su sanidad, en el fondo seguía sintiendo una angustia que me impedía confiar plenamente. Así que no es por justificar a este hombre, pero creo que cuando se trata de nuestros hijos nos volvemos más vulnerables y es cuando se cuela la duda y nos impide creer como quisiéramos.

Pero me doy cuenta de que, Jesús no lo recrimina, ni lo reprende, al contrario, al sanar a su hijo de paso restaura su incredulidad.

Ya había leído y escuchado esta historia, pero no me había puesto en el lugar de ese hombre, así que no entendía al cien por ciento cómo pudo haberse sentido ese padre y es allí donde creo que Dios me dejó una enseñanza, porque creo que a veces es necesario que nosotros atravesemos por la prueba para hacernos más sensibles y poder estar en condiciones de compadecernos de los que viven una situación parecida a la nuestra, para poder responder sin juicio ante aquellos que les cuesta creer, después de todo, si los discípulos que fueron los más cercanos a Jesús dudaron y se atemorizaron, es normal que a nosotros nos cueste creer en los milagros no solo de sanidad, sino de restauración familiar, económica, emocional, etc., pero lo importante es que no nos quedemos paralizados sin poder creer, sino que aun sintiendo incredulidad le pidamos a Jesús que nos ayude a creer.

Si nosotros hemos creído que Jesús verdaderamente es el hijo de Dios, entonces contamos con la garantía de que Él intercede por nosotros en nuestra debilidad.

A veces no sabemos cómo pedir o cómo orar, pero nosotros no estamos solos, Jesús antes de partir les dijo a sus discípulos que vendría el consolador y que Él nos guiaría a orar como conviene, es decir de una manera eficaz, porque conoce la voluntad del Padre.

Si alguna vez te quiere paralizar la duda, recuerda estas promesas:

"Además, el Espíritu Santo nos ayuda en nuestra debilidad. Por ejemplo, nosotros no sabemos qué quiere Dios que le pidamos en oración, pero el Espíritu Santo ora por nosotros

con gemidos que no pueden expresarse con palabras. Y el Padre, quien conoce cada corazón, sabe lo que el Espíritu dice, porque el Espíritu intercede por nosotros, los creyentes, en armonía con la voluntad de Dios".

Romanos 8:26-27 NTV

"Y yo le pediré a Dios el Padre que les envíe al Espíritu Santo, para que siempre los ayude y siempre esté con ustedes. Él les enseñará lo que es la verdad".

Juan 14:16-17 TLA

No estamos solos, El Espíritu Santo es nuestro ayudador y nos ayuda a clamar en medio de nuestra incredulidad.

CAPÍTULO 17

¡NO ESTÁ MUERTO, SOLO DUERME!

…"¡Dejen de llorar! No está muerta; solo duerme".
Lucas 8:52 NTV

Cuando vinieron los primeros encontronazos entre mi esposo y yo, recuerdo que un día mientras me bañaba, Dios me dijo: *"La mujer sabia edifica su casa, mas la necia con sus manos la derriba. ¿Vas a ser sabia o necia?"* Yo sentí una sensación de injusticia dentro de mí y pensé ¿Por qué Dios nos pone una responsabilidad tan grande? ¿Por qué no le dio esa responsabilidad a los esposos? En esa ocasión, Dios no me dijo nada más, simplemente me dio el secreto para nuestro matrimonio. Y se encarga de recordármelo, cuando aparecen los conflictos.

Te puedo asegurar que Dios ha sido mi consejero matrimonial. Sus consejos continúan ayudándome, y la verdad es que siempre han sido tan oportunos. En otra ocasión me dijo: *"¡Aprende a pasar por alto la ofensa!"*, también me dijo: "*¡Elige tus batallas!*" Y de eso te contaré en el siguiente capítulo.

Cuando nos casamos mi esposo y yo incluimos en la ceremonia el ritual de las tres velas para simbolizar que en nuestra unión Dios está en medio de nosotros. Y justo ese ritual Dios lo usó para decirme: "*Si los vientos apagan su amor, mi llama se mantendrá encendida para volver a encenderlos*". Y así ha sido. Él ha sido fiel, en la hora más oscura nos sigue encendiendo. Todos los matrimonios tenemos luchas, pero cuando tenemos a Dios en medio de nosotros podemos confiar que la barca no se hundirá, sino que llegará a puerto seguro, porque Dios no solo une matrimonios, une propósitos.

Pero a pesar de que Dios está en medio, la verdad es que algunas veces comenzamos una pelea por un desacuerdo y lo llevamos al extremo y es que no podemos olvidar que cuando Dios se propone moldear vidas para usarlas como instrumento, el enemigo viene a querer matar el propósito de Dios. Por eso es importante no olvidar la oración, la lectura de la Biblia y el ayuno para que seamos guiados y guardados por el Espíritu.

En el año 2016 nuestro matrimonio empezó a experimentar fuerte ataque y yo sabía que era espiritual el asunto, así que sabiendo que la cosa era espiritual, no quise pelear con mi esposo y me propuse pelear por mi esposo en oración.

Orando Dios me mostró que debía ayunar por tres días y me dirigió al ayuno de Ester y me dijo: "*Durante este ayuno, tu alimento será mi palabra, no comerás ni beberás nada por 72 horas".*

Comencé el ayuno a las seis de la tarde del domingo 9 de octubre y Dios me hablaba de edificar nuestra casa sobre la roca para que permanezca firme.

A la mañana siguiente, después de dejar a mis hijos en el colegio, me puse a limpiar la cocina y en eso vino a mi mente lo que sucedió con Ester. Y veía cómo Amán representa al enemigo, él quería eliminar al pueblo judío porque no le daban reverencia, y no solo quería hacerles la vida complicada, quería matarlos.

Pero Ester al enterarse de sus planes malvados, decidió hacer algo y para hacerlo primero convocó a un ayuno:

"Ve y reúne a todos los judíos que están en Susa y hagan ayuno por mí. **NO COMAN NI BEBAN NADA DURANTE TRES DÍAS, NI DE NOCHE NI DE DÍA;** *mis doncellas y yo haremos lo mismo. Entonces, aunque es contra la ley, entraré a ver al rey. Si tengo que morir, moriré".*

Ester 4:16 NTV

Mientras leía esta historia, me fortalecía saber que cuando buscamos a Dios, él nos revela los planes del maligno para que nos levantemos en oración y ayuno.

Al cumplir las veinticuatro horas de ayuno puedo decir que todo iba bien, sin embargo, al cumplir las treinta y seis horas sin alimento y realizando las mismas actividades mi cuerpo empezó a temblar y a debilitarse y en ese momento, mientras preparaba el desayuno para mis hijos, le pregunte a Jesús: "¿Cómo pudiste hacer un ayuno por cuarenta días estando en forma humana?" Y sin pensarlo comencé a orar en el espíritu y de inmediato mi cuerpo se fortaleció como si hubiera desayunado abundantemente. Entonces Dios me enseñó que, como hijos nacidos de nuevo, tenemos su espíritu dentro de nosotros y es poderoso para levantarnos, aún más poderoso y vigoroso que el mismo alimento.

"Pero los que no son espirituales no pueden recibir esas verdades de parte del Espíritu de Dios. Todo les suena ridículo y no pueden entenderlo, porque solo los que son espirituales pueden entender lo que el Espíritu quiere decir".
1 Corintios 2:14 NTV

Le agradecí tanto a Dios por haberme dado la oportunidad de experimentar esto, y el resto del día fue muy llevadero porque puse en práctica lo que me había enseñado, ya no solo la lectura era mi alimento, sino que la oración en el espíritu me fortalecía aún más. Como terminé el libro de Ester seguí con Esdras y algo que me retumbó fue cuando dice que Dios despertó el espíritu del Rey Ciro.

El día miércoles 12 de octubre a las 6 de la tarde terminaría mi ayuno, recuerdo que me despertó el siguiente pensamiento: *"Aderezas mesa"*... pude imaginar una mesa de banquete y mi corazón se llenó de gratitud porque era como si Dios me estuviera diciendo: *"Yo mismo tengo preparado para ti una mesa en presencia de tus angustiadores, voy a ungir tu cabeza con aceite y tu copa estará rebosando de bendiciones".* Recuerdo que anoté mi oración de agradecimiento y entre las cosas que le agradecí, le daba gracias por llevarme más allá de mi límite natural, para encontrarme con lo sobrenatural.

Luego, como si fuera poco, esa mañana después de dejar a mis hijos en el colegio, mientras pagaba en el super, se ofreció el gerente de la tienda a ayudarme y no solo llevó todo, sino que lo bajó y lo acomodó y yo me quede supersorprendida, era la primera vez que algo así me pasaba. ¡Un gerente haciendo algo así! Y Dios me dijo: *"Te he dado la gracia de Ester".*

Pasaron dos días y Dios me despertó y me dijo: *"¡NO ESTÁ MUERTO SOLO DUERME! Tu matrimonio no está muerto, solo dormido, pero yo lo le digo que se levante y ordeno que sea alimentado para que pueda andar y mostrar mi gloria".*

Muchas veces lloramos y nos lamentamos porque vemos morir nuestros sueños, anhelos, y promesas, pero si confiamos en Jesús veremos cómo se levantan para glorificar a Dios.

Mi deseo en cada capítulo es el mismo. Al contarte mi historia quiero animarte a creer que los recursos espirituales que Dios nos ha dado son efectivos y que por eso puedes aplicarlos a tu vida y comprobar por ti mismo el poder que Dios tiene para revivir todo lo que el enemigo ha matado lentamente.

Confía, porque cuando Jesús quiere mostrar su gloria, resucita lo que ya fue declarado muerto.

Ánimo, en Jesús hay resurrección.

CAPÍTULO 18

ELIGE TUS BATALLAS

…."Pero yo vengo contra ti en el nombre
De Jehová de los ejércitos, el Dios de los escuadrones
De Israel, a quien tú has provocado".
1 Samuel 17:45 RV60

Como te acabo de contar en el capítulo anterior, Dios me guió a ayunar. Pero lo siguiente que me guio a hacer fue aprender a elegir las batallas que debía pelear y las que simplemente debía ignorar.

Y para esto me inquietó a leer la historia de David como si nunca me la hubieran contado. Y mientras la leía me enfoqué en lo siguiente que te quiero compartir.

- David fue visto y elegido por Dios desde que apacentaba las ovejas de su padre (1 Samuel 16:1).
- El padre de David presentó a todos los hijos ante el profeta Samuel excepto a David. (1 Samuel 16:10).
- El profeta pide al padre que mande llamar a David. (1Samuel 16:12).

- El Señor le dice al profeta que unja a David y a partir de ese día el Espíritu del Señor vino con gran poder sobre David. (1 Samuel 16:13).

- El padre de David le pide que le lleve alimento a sus tres hermanos mayores que se encontraban en batalla contra los filisteos. (1 Samuel 17:17-19).

- David deja encargadas a sus ovejas mientras él va a dejar el alimento. (1 Samuel 17:20).

- Cuando David escucha al gigante Goliat desafiar al ejército de Israel, pregunta quién es este filisteo pagano que se le permite desafiar al ejército del Dios viviente. (1 Samuel 17:26).

- Cuando Eliab, el hermano mayor de David lo acusa de haber ido a ver la batalla porque sabía que era un orgulloso, David lo ignora.

- David le pide al rey que lo deje pelear con Goliat porque el mismo Dios que lo libró de las garras del león y del oso cuando cuidaba de las ovejas, lo rescatará de ese filisteo. (1 Samuel 17:37).

- Peleó sin armadura, tomó su vara de pastor, una honda y cinco piedras. (1 Samuel 17:40).

- Le dijo al filisteo que lo vencería en el nombre de Jehová de los ejércitos a quien había provocado. (1Samuel 17:45).

- Después de que Dios le diera la victoria a David sobre el filisteo Goliat, las mujeres entonaron una canción que despertó el celo del rey. (1 Samuel 18:8).
- Todas las veces que el rey Saúl procuró matar a David, Dios lo libraba y Saúl al darse cuenta de eso, tuvo temor porque Dios le daba éxito a David en todo lo que hacía y además el pueblo lo amaba.

En cada uno de los puntos que te acabo de mencionar te quiero contar que cuando yo los leí, fue como poder ver una radiografía del corazón de ese hombre llamado David, fue como si Dios me estuviera susurrando al oído por qué decidió elegirlo para ser el próximo rey de Israel.

En principio, Dios me mostraba que cuando David estaba en el campo cuidando de las ovejas, él hacia su trabajo lo mejor que podía hacerlo, y que mientras cuidaba a las ovejas se deleitaba en Dios. Además, no le parecía poco lo que hacía, sino que asumía que esas ovejas estaban bajo su responsabilidad y por eso estaba dispuesto a luchar contra leones y osos para mantenerlas a salvo.

Y sobre este aspecto Dios me enseñaba que él puede ver más profundo, no solo ve el exterior cuando realizamos nuestras tareas, sino que ve la condición de nuestro corazón al cumplir con nuestras obligaciones. Y que a medida que él ve que somos puros en nuestras intenciones y motivaciones nos somete a pruebas y desafíos que nos sirven como un entrenamiento para que cuando llegue el tiempo de movernos para promovernos podamos estar preparados para la siguiente asignación. Por eso no debemos olvidar que ninguna tarea es insignificante si la hacemos con el corazón correcto.

> *Siervos, obedeced en todo a vuestros amos terrenales, no sirviendo al ojo, como los que quieren agradar a los hombres, sino con corazón sincero, temiendo a Dios. Y todo lo que hagáis, hacedlo de corazón, como para el Señor y no para los hombres; sabiendo que del Señor recibiréis la recompensa de la herencia, porque a Cristo el Señor servís.*
> **Colosenses 3:22-24 RV60**

Lo siguiente que pude notar es que cuando Dios en su soberanía ha planeado ungirte, nadie más tomará tu lugar. Aun cuando no te inviten a la cena, Él mandará a llamarte porque cuando Dios elige, no requiere la aprobación de los hombres.

Pero lo que me asombra ver en esta historia de David es que después de ser ungido delante de toda su familia él siguió cuidando de las ovejas de su padre y no se apresuró a buscar un lugar visible, él se mantuvo en el anonimato.

Lo que no se imaginaba es que precisamente cumpliendo con las tareas que su padre le pedía que hiciera, un día estaría en el lugar y en el momento indicado para dejar atrás el anonimato.

Y justo cuando David llega al campamento donde estaban sus tres hermanos mayores en una batalla contra los filisteos, es donde Dios le permite pasar de ser un testigo a convertirse en un protagonista. Y es que cuando David escuchó a Goliat desafiar al ejército de Israel se sintió provocado y no se pudo quedar de brazos cruzados. En ese momento su espíritu guerrero se despertó para levantar en alto el nombre del Dios viviente.

Y fue en esta parte donde Dios me hizo notar lo que estaba a punto de suceder, y entonces presté mucha atención a su enseñanza.

Cuando Eliab el hermano mayor se dio cuenta de que David estaba interesado en lo que estaba pasando, enojado le preguntó que a quién le había dejado las ovejas y que sabía que por su orgullo y malicia de corazón estaba allí. David no se quedó a discutir con él, prefirió ignorarlo.

Entonces Dios me decía: *"Cuando se acerca el momento de que yo levante a un guerrero ungido para mostrar mi gloria, el enemigo usa el menosprecio y la acusación como un arma para desmotivar y así desenfocarlos de la primera victoria que están a punto de ganar, por eso lo mejor que deben hacer es ignorar sus palabras y enfocarse en la batalla que les dará porque junto con la victoria viene una promoción inesperada".*

Una vez que David se apartó de su hermano fue ante el rey para pedirle que le dejara pelear con Goliat y aunque el rey Saúl al principio dudó en darle la oportunidad de hacerlo, David le insistió y le aseguró que Dios mismo le daría la victoria. Esta parte me habla de un joven que no confiaba en su destreza, sino en el poder de Dios para librarlo de ese gigante. Por eso, aunque le ofrecieron una armadura decidió salir a enfrentar al filisteo con su vara de pastor, una honda y cinco piedras.

Cuando David obtuvo la victoria nunca se imaginó que la gente celebraría con cantos que despertarían el celo del rey Saúl y que a partir de ese momento tendría que vivir lidiando con un rey celoso que no soportaba ver como Dios respaldaba a David.

Esta enseñanza es la que más admiro de David, porque a pesar de que el rey intentaba matarlo, eso nunca provocó que David correspondiera a su enemistad, siempre lo vio como el rey que Dios había ungido para reinar en Israel y eso era suficiente para no responder a sus ataques.

En una ocasión escuché una reflexión extraída de la biografía de Wilson R. que me parece que refleja muy bien a David.

"Un hombre vio cuando una serpiente estaba muriendo quemada y decidió sacarla del fuego, pero cuando lo hizo, la serpiente lo atacó. Por la reacción del dolor, el hombre la soltó y el animal cayó de nuevo en el fuego y se estaba quemando de nuevo. El hombre intentó sacarla otra vez y la serpiente lo volvió a atacar. Alguien que estaba observando se acercó al hombre y le dijo:

-Disculpe, ¡pero usted es un terco! ¿No entiende que todas las veces que intente sacarla del fuego va a atacarlo?

El hombre respondió:

-La naturaleza de la serpiente es picar, y eso no va a cambiar la mía, que es ayudar.

Entonces, con la ayuda de un pedazo de hierro, el hombre sacó a la serpiente del fuego y salvó su vida".

La historia de David está llena de enseñanzas dignas de aplicar en nuestra vida, claro como cualquier ser humano también tuvo desaciertos, pero aún de eso nos dejó grandes lecciones.

Una que en lo personal me llama mucho la atención y que si tuviera que escoger una sola cualidad de este joven escogería su relación tan genuina y transparente con Dios. Porque cuando se sentía abatido se lo expresaba, cuando quería ver a sus enemigos destruidos no lo disfrazaba, además consultaba a Dios antes de tomar una decisión y obedecía lo que Dios le pedía que hiciera.

Este personaje realmente me inspira y me motiva a tener una relación más profunda con Dios. Y sobre todo me enseña que, si dedico tiempo para consultar a Dios antes de entrar a una batalla, no correré el riesgo de desgastarme en luchas que no me corresponde pelear.

"Con ingenio harás la guerra, y en la multitud de consejeros está la victoria".
Proverbios 24:6 RV60

"Si alguno conspirare contra ti, lo hará sin mí; el que contra ti conspiraré, delante de ti caerá".
Isaías 54:15 RV60

CAPÍTULO 19

ERES BUENA TIERRA

…"Yo he rogado por ti, que tu fe no falte"…
Lucas 22:32

Le doy gracias a Dios por la vida de mi esposo, porque desde que nos casamos me ha transmitido su gusto por las plantas, al principio cuando llegaba a la casa todo emocionado con sus macetas yo solo lo observaba, pero un día llegó con una cica y a partir de esa ocasión me empecé a emocionar junto con él y empecé a estar al pendiente de su crecimiento porque esa cica la había comprado para mí. Así que esa cica para mí representaba nuestro matrimonio.

Un sábado salimos a almorzar y cuando regresamos nos habían pisoteado la cica, cuando vi la maldad con que la pisotearon, era como si pudiera ver en lo material algo espiritual y nunca olvidaré qué vino a mis pensamientos: *"no te preocupes porque, aunque intenten destruirlos, no podrán"*.

Con el paso del tiempo llegaron más plantas a nuestro hogar y cada una tiene su historia. Pero te quiero contar lo que me sucedió con una en particular.

Un día mientras regaba las plantas, estaba disfrutando ver cómo algunas estaban floreciendo y se veían hermosas. Entonces en ese momento vino una pregunta a mi mente: *"Si fueras una planta, ¿cuál elegirías ser?"* Y de manera inmediata salió mi respuesta: *"una sábila, porque, aunque no florece, es curativa"*. Terminé de regar y anoté en mi agenda lo que había sucedido, así que te puedo decir que eso fue el 7 de febrero del 2017. Pasaron tres días y escuché una enseñanza acerca de Pedro cuando Jesús le dice que Satanás había pedido permiso para zarandearlo, pero que Él había rogado para que su fe no faltara y para que una vez que terminara su prueba se encargara de fortalecer a sus hermanos.

> *Después, Jesús le dijo a Pedro: –Pedro, escucha bien, Satanás ha pedido permiso a Dios para ponerles pruebas difíciles a todos ustedes, y Dios se lo ha dado. Pero yo he pedido a Dios que te ayude, para que te mantengas firme. Por un tiempo vas a dejarme solo, pero después cambiarás. Cuando eso pase, ayudarás a tus compañeros para que siempre se mantengan fieles a mí.*
> **Lucas 22:31-32 TLA**

Entonces la predicadora Yesenia Then en su mensaje platicó la anécdota de cuando su mamá estuvo enferma en el hospital y que un día que fue a visitarla vio como la enfermera que atendía a su mamá era muy estricta, pero que en la siguiente visita la encontró con otra enfermera que estaba peinando a su mamá y era muy amable, entonces ella empezó a agradecerle a la enfermera las atenciones que tenía con su mamá. Y la enfermera le contó que ella había atravesado por la misma enfermedad que su mamá y que sabía cómo se sentía. Entonces, en su mensaje, ella decía que a veces esas pruebas nos capacitan para ser sensibles y a la misma vez fortalecer a otros.

Y concluyó dando una palabra que también anoté en mi agenda, ella dijo: "Te voy a llevar a un nivel de ser la mujer herida, a ser la mujer que sana a otros heridos."

Luego de dos meses el día 7 de abril salí a ver las plantas y me encontré con algo que me sorprendió muchísimo porque nunca había visto algo así, yo creía que la sábila no florecía, sin embargo, fue algo majestuoso ver una vara alargada que le salió en medio y le colgaban unos tipo capullos color naranja, fue tanto mi asombro que lo grabé y aún conservo ese video y las fotos del proceso de esa sábila, que aún me sigue hablando.

Pero la historia continúa, porque pasaron dos meses y el 16 de junio cuando salí a regar las plantas me encontré en la misma planta de sábila una rama con unas hojas en forma de corazón y vino a mi mente: "*serán corazones los que sanarán*". Le tomé fotos y la dejé que creciera y luego la trasplanté.

Para quienes estén familiarizados con estas plantas quizá no les asombre como a mí, pero Dios llamó mi atención de una manera muy especial con esa sábila. Y no paró allí el asunto, sino que le empezaron a brotar hijos en la misma maceta y entonces Dios me hizo recordar una oración que hizo por mí una preciosa mujer y que me marcó con sus palabras, ella orando en el espíritu me dijo: "*Eres buena tierra*". Y al recordar estas palabras Dios me decía: "*La buena tierra da fruto y se multiplica"*. Y no pasó mucho tiempo cuando tuve que volver a trasplantar la sábila a otra maceta más grande y sacar más de veinte hijas a las que puse en macetas pequeñas y las regalé. Y aún se sigue multiplicando de una forma asombrosa.

Esto que te cuento pudiera sonar presuncioso, pero Dios sabe que solo te cuento mis anécdotas tal y como me han sucedido y el propósito de cada una de ellas es inspirarte a creer que Dios desea conversar contigo, y que Él sigue buscándote para hablar a tu corazón y dejar caer en él semillas que van a empezar a echar raíces fuertes que con el transcurso del tiempo crecerán y luego empezarán a dar fruto. Lo único que tenemos que hacer es permanecer, así como permanecen las raíces unidas a la tierra 24 horas, los 7 días de la semana, así debe ser nuestra unidad con Dios, porque si nos separamos corremos el riesgo de secarnos y quedar sin fruto.

No importa si crees que tu vida está seca, créeme que Dios hará lo mismo que he visto hacer a mi esposo cuando ve que una planta esta seca por fuera, las cambia de maceta, les remueve la tierra, las cambia de lugar y asombrosamente he visto a esas plantas revivir y volver a lucir con vida. Dios quiere decirte que eres buena tierra, y que si permaneces 24/7 unida a Él ¡darás fruto!

Un día después de haber regado las plantas, noté que algunas habían amanecido como si no las hubiera regado y yo las observé y pensé: *"Pero si a todas les puse agua, ¿por qué algunas están como si no les hubiera puesto?"*, entonces Dios me consolaba y me decía: "*Ustedes las riegan, pero soy yo quien da el crecimiento*".

"Yo planté, Apolos regó; pero el crecimiento lo ha dado Dios. Así que ni el que planta es algo, ni el que riega, sino Dios, que da el crecimiento. Y el que planta y el que riega son una misma cosa; aunque cada uno recibirá su recompensa conforme a su labor. Porque nosotros somos colaboradores de Dios".
1 Corintios 3:6-9 RV1960

¡Eres buena tierra! Permanece en el Señor, y él te hará crecer para multiplicarte. No permitas que tu tierra sea usada para propósitos que no contribuyen al reino de Dios. Tú puedes en Fe hacer la siguiente declaración:

Yo soy tierra buena y echaré raíces fuertes que me harán permanecer unida al Padre y Él me hará crecer y así podré multiplicarme. Declaro que mi tierra no es fértil para la incredulidad, ni para la ofensa, ni el resentimiento, ni la amargura, porque en esta tierra no hay espacio para eso. Hoy decido creer que soy buena tierra y que la semilla que Dios ha depositado crecerá y se multiplicará y dará fruto agradable.

CAPÍTULO 20

¡INTERCEDE!

*"Y se acercó Abraham
y dijo: ¿Destruirás también
al justo con el impío?"*
Génesis 18:23 RV60

Una noche que llegó mi esposo tarde y se quedó afuera escuchando música, yo me levanté para asomarme por la ventana y justo cuando moví la cortina él estaba caminando hacia esa ventana, así que inmediatamente me tiré al piso para que no se diera cuenta de que yo estaba espiándolo, entonces justo cuando estaba allí en el piso, Dios me dijo: "¡Intercede!" Y yo le dije: "Pero, ¿para qué quieres que interceda si él esta donde quiere estar?" Y me trajo a la memoria la historia de cuando Dios le avisa a Abraham lo que estaba a punto de hacer en Sodoma y Abraham pudo haber dicho lo mismo que dije yo: *"¿Para qué intercedo por Lot, si él escogió estar en ese lugar?"*. Entonces Dios me reprendió y me dijo: *"El corazón de un verdadero intercesor no juzga si merecen o no ser librados del castigo"*. Así que intercedí con la ayuda del Espíritu porque en realidad yo ya sentía que había agotado mis oraciones para que mi esposo volviera a sentir el deseo de buscar a Dios.

Una semana después Dios continuó confrontándome para que reconociera que había celos y desconfianza en mi corazón y que tenía que, de una vez por todas, soltarlo porque eso era un impedimento para que mi esposo y yo pudiéramos entrar a la tierra prometida donde fluyen sus bendiciones de una manera sobrenatural.

Y como te he dicho en otras ocasiones Dios está en todos los detalles, justo por esos días después de haber escrito una oración pidiendo la ayuda de Dios para sanar esas heridas que me impedían confiar, conocí a una mujer muy linda que me invitó a una célula y ese día trataron el tema de la ofensa. Y mencionaron que el arma favorita del enemigo es provocar dos cosas:

A) Personas que ofenden intencionalmente
B) Personas que creen que fueron ofendidas.

Pero que en cualquiera de los dos casos no debemos perder de vista que esto es una trampa que el enemigo nos tiende para acabar con la armonía a la que Dios nos llama.

"Un siervo de Dios no debe andar en peleas. Al contrario, debe ser bueno con todos..."
2 Timoteo 2:24 TLA

"Porque donde hay celos y contención, allí hay perturbación y toda obra perversa. Pero la sabiduría que es de lo alto es primeramente pura, después pacífica, amable, benigna, llena de misericordia y de buenos frutos sin incertidumbre ni hipocresía".

Santiago 3:16-17 RV60

"Hagan todo lo posible por vivir en paz, para que no pierdan la unidad que el Espíritu les dio".

Efesios 4:3 TLA

Mientras escuchaba esta enseñanza, yo le exponía mi corazón a Dios y le decía: "Padre, de verdad quiero tener un corazón sano y ser libre de toda ofensa recibida intencionalmente o sin intención de parte de mi esposo e incluso de toda persona que en el pasado me hirió, yo ya no quiero tener ninguna sospecha hacia ninguna persona, quiero vivir la paz que proviene de tu espíritu, en esta área de mi vida".

Luego de este día Dios continuó aconsejándome y me tuvo en terapia como si fuera mi psicólogo. La técnica que usó, fue la lectura de un libro que me encantó porque mientras lo leía me hizo escarbar en mi mente y en mi corazón todo lo que creía que estaba resuelto y olvidado y lo que quizá no hubiera sido capaz de confesarle a una persona. En este libro fui confrontada con tanta dulzura que no me quedó de otra que reconocer que si quería permanecer en la libertad que Dios me había dado en una reunión tenía que ser muy cuidadosa para no volver a caer en la misma trampa del enemigo.

Aquí te dejo un resumen de ese libro que fue la herramienta que Dios utilizó para darme terapia.

Para empezar, lo primero que me cautivó, fue que la autora usa un ejemplo que me partió el alma, ella dice: "Si una amiga viene a ti para pedirte que ores por su hijo, estoy segura de que tú orarías por su hijo. Pues bien, hoy Dios se acerca como Padre para pedirte que ores por su hijo". En ese momento vino a mi mente la noche en que Dios me pidió que intercediera por mi esposo. Y pude ver que la actitud que yo tuve provenía de la falta de perdón por las ofensas, pero que una vez que había decidido no anidar más falta de perdón, ahora él quería que aprendiera cómo orar por mi esposo.

- Tener un corazón puro, libre de resentimientos.
- Perdonar la falta de amabilidad de tu esposo.
- La cuestión, no es quién quiere cambiar, sino quién está dispuesto.
- No debo pedirle a Dios que cambie a mi esposo, sino que me cambie a mí.
- Ofrecer sumisión de corazón, no por obligación.
- Será difícil que quieras orar si estás enojada con tu esposo, por eso confiesa tu enojo a Dios y luego podrás orar.
- Ora, eso te ayudará a hablar de manera efectiva al corazón de tu esposo.

- Haz de tu casa un hogar confortable a donde tu esposo desee llegar.
- Cuando se asomen sus defectos, valora sus virtudes.
- No dejes que tus altas expectativas, arruinen sus pequeños avances.
- El respeto hacia tu esposo, producirá que Dios te dé gracia.

Leer este libro no solo cambió la manera de orar por mi esposo, sino que me transformo a mí, empecé a ser y hacer cosas que no hubiera podido lograr en mis fuerzas.

Por eso quisiera animarte a buscar la ayuda de Dios, si lo que hoy sucede en tu matrimonio mantiene tu corazón y tu mente llenos de resentimiento, te recomiendo que empieces por escribir todo lo que sientes como si se lo estuvieras diciendo a Dios, escribir no solo es terapéutico, sino que nos ayuda a no olvidar en qué condición nos encontrábamos cuando buscamos la ayuda de Dios, y si continuamos escribiendo durante el proceso, eso mantiene un registro de los cambios en ti y en tu situación.

Es probable que te sientas como yo me sentí al principio cuando Dios me pidió que intercediera por mi esposo, pero no te preocupes, porque cuando Dios nos pide algo es porque él ya tiene los recursos necesarios para que podamos cumplir con lo que nos pide, en mi caso fue primero orar, asistir a una reunión y luego leer este y otros dos libros para culminar un proceso interno. Eso no quiere decir que hará lo mismo en tu situación porque Dios obra de maneras diferentes, lo importante es que no ignores el llamado, porque te aseguro que al final verás la tremenda bendición que se desata en tu familia.

No te asustes si en el proceso, empiezan a suceder cosas que no te esperabas, porque será como cuando se realiza una ampliación o remodelación en una casa, se tiene que lidiar con los inconvenientes propios de esas mejoras, pero cuando se terminan se puede disfrutar de un lugar más confortable.

Yo voy a hacer algo nuevo, y ya he empezado a hacerlo. Estoy abriendo un camino en el desierto y haré brotar ríos en la tierra seca.

Isaías 43:19 TLA

CAPÍTULO 21

UNA MILLA MÁS

*"A cualquiera que te obligue a llevar carga por una milla,
Ve con él dos"....*
Mateo 5:41 TLA

Si alguna vez has estado agotado al punto de creer que no puedes hacer un esfuerzo más, prepara tu corazón, porque este capítulo es para ti.

Me gustaría decirte que es un capítulo mágico e inspirador que te hará la vida más sencilla, pero es todo lo contrario, es un desafío que te llevará a descubrir que, lo que creías que era tu límite, solo es tu punto de partida.

Justo en ese punto me encontraba cuando Dios me llevó a reflexionar en estas palabras: "*¡Una milla más!*" Mientras anotaba esta frase en mi agenda, estas palabras retumbaron dentro de mi cabeza y yo solo podía pensar: "¿Cómo podré avanzar esa milla extra si siento que ya llegué al límite?" Pero convencida de que Dios estaba detrás de esa palabra me propuse centrar mi atención en lo que Dios quería enseñarme. Y no sé si has notado que cuando Dios nos quiere enseñar algo, usa algunas ilustraciones, pues en esta ocasión Dios empezó a decirme:

"Sara, cuando empezaste a hacer ejercicio, al principio no podías resistir mucho tiempo porque el dolor te agotaba, pero conforme pasaron los días tu resistencia aumentaba, y eso te hizo que avanzaras más allá de tus propios límites".

Y yo pensé: "*¡Es verdad!*" Cuando empecé a ver videos de rutinas de ejercicios, recuerdo que veía a los entrenadores realizar las planchas y yo pensaba que jamás podría resistir por un minuto en la misma posición. De hecho, al principio, llegar a 15 segundos para mí era un gran logro. El día que pude llegar al minuto, recuerdo que pensé: "*ahora puedo agregar otro minuto*". Y cuando llegué a los dos minutos recuerdo que entendí cómo la mente juega un papel muy importante en el desarrollo de cualquier disciplina. Si yo me hubiera enfocado en mi límite, tal vez nunca lo habría superado.

"…Dios nos ha dado un espíritu de poder y de dominio propio".

2 Timoteo 1:7 RV60

"Más vale dominarse a sí mismo que conquistar ciudades".

Proverbios 16:32 RVC

Entonces Dios agregó lo siguiente: Una buena condición física no viene con el descanso sino con el esfuerzo y el entrenamiento.

> *"Si fueres flojo en el día de trabajo,
> tu fuerza será reducida".*
>
> **Proverbios 24:10RVA**

Le agradezco tanto a Dios que haya hablado a mi corazón para desafiarme a poner en práctica tanto el dominio propio como la renovación de mis pensamientos, porque junto con ese desafío vino su acompañamiento y es que cuando nosotros aceptamos caminar la milla extra, no nos deja solos, sino que viene y nos ofrece ayudarnos a llevar la carga para hacer más ligero el trayecto.

> *Luego dijo Jesús: Vengan a mí todos los que están cansados y llevan cargas pesadas, y yo les daré descanso. Pónganse mi yugo. Déjenme enseñarles, porque yo soy humilde y tierno de corazón, y encontrarán descanso para el alma. Pues mi yugo es fácil de llevar y la carga que les doy es liviana.*
>
> **Mateo 11:28-30 NTV**

Como hijos de Dios estamos llamados a amar y perdonar más allá de nuestros sentimientos. Aun cuando la mente nos limite y nos haga pensar que no podemos, Jesús nos enseña que como hijos de Dios Él nos ha capacitado para hacerlo con el poder de su espíritu que ya mora dentro de nosotros.

Pero muchas veces lo que nos impide ir una milla más, es la cultura que hemos recibido de este mundo que nos aconseja "ser mansos, pero no mensos", sin embargo, Jesús nos muestra con su ejemplo y su estilo de vida lo que es tener al espíritu de Dios morando en el interior. Si decimos que amamos a Dios, nos esforzaremos para no responder al mal que recibimos, recuerda que el enemigo de nuestra alma, usa a los más cercanos para alejarnos del plan de Dios.

Es bueno tener muy presente que nuestra lucha no es contra carne y sangre, y que la mayoría de las veces usará a los de nuestra propia casa para poner a prueba la resistencia de nuestro corazón.

"Porque no tenemos lucha contra sangre y carne, sino contra principados, contra potestades, contra los gobernadores de las tinieblas de este siglo, contra huestes espirituales de maldad en las regiones celestes".
Efesios 6:12 RV60

"No nos cansemos, pues, de hacer bien; porque a su tiempo segaremos, si no desmayamos".
Gálatas 6:9 RV60

"Si es posible, en cuanto dependa de vosotros, estad en paz con todos los hombres. No os venguéis vosotros mismos, amados míos, sino dejad lugar a la ira de Dios; porque escrito esta: Mía es la venganza, yo pagaré dice el Señor".
Romanos 12:17-19 RV60

"No devolviendo mal por mal, ni maldición por maldición, sino por el contrario, bendiciendo, sabiendo que fuisteis llamados para que heredaseis bendición".
1Pedro 3:9 RV60

Te cuento esto porque justo cuando estaba atravesando un momento en el que me sentía tan desgastada físicamente, llegó este desafío a cambiarme la manera de afrontar los tiempos de cansancio físico y emocional. Además, descubrí que cuando aplicamos estas verdades espirituales nuestro cuerpo, alma y emociones son fortalecidas asombrosamente. Por eso quiero animarte a aplicarlo. ¿Qué tal si te levantas ahora mismo a dar esa milla extra?, te aseguro que no irás solo, sino que Dios mismo te acompañará y encontrarás el reposo para tu alma y te sorprenderás al ver el resultado.

CAPÍTULO 22

UNA TIERRA PROMETIDA

…."El Señor su Dios les da un lugar de descanso.
Él les ha dado esta tierra".
Josué 1:13 NTV

A finales de cada año, es común que se escuchen palabras proféticas acerca del año que está por comenzar y eso sin lugar a duda crea expectativas en el corazón de aquellos que creen en la palabra profética.

A mí en lo particular me gusta separar un tiempo a solas, sin el bullicio de lo que la mayoría habla, y hasta que recibo mi propia palabra, entonces empiezo a escuchar lo que dicen los demás. Por ejemplo: una semana antes de que finalizara el año 2017, Dios dirigió mi atención al libro de Josué, así que empecé a leerlo. Y luego faltando 3 días para el fin de año, escuché a Candy Maa hablar sobre la palabra que Dios le había dado y era precisamente sobre el libro de Josué. Ella mencionó que Dios le había mostrado que 2018 sería un año en el que muchos entrarían a la Tierra Prometida, y que no solo la verían de lejos. Así que, aunque no había pedido una confirmación de la palabra que Dios me había hablado a solas, escuchar esto, me animó a seguir leyendo con expectativa de lo que Dios deseaba enseñarme.

"Por eso estoy completamente seguro de que el mensaje de Dios que anunciaron los profetas es la verdad. Por favor, préstenle atención a ese mensaje, pues les dirá como vivir hasta el día en que Cristo vuelva y cambie sus vidas. Pero, antes que nada, deben saber que ninguna enseñanza de la Biblia se puede explicar como uno quisiera. Ningún profeta habló por su propia cuenta. Al contrario, todos ellos hablaron de parte de Dios y fueron guiados por el Espíritu Santo".
2 Pedro 1:19-21 TLA

La Biblia se ha vuelto mi manual de instrucciones y cuando la leo procuro ser como una niña que cree todo lo que le cuentan. Es así como vuelvo a leer las historias cuando el Espíritu de Dios me guía a leer algo que según yo ya lo leí, siempre le pido a Dios que me dé ojos espirituales para ver lo que no he visto antes. Y siempre salgo bendecida con algo nuevo, porque he descubierto que la Biblia cobra vida, porque no es letra muerta, sigue tan viva como cuando se escribió.

"Recuerda que desde niño has leído la Biblia, y que sus enseñanzas pueden hacerte sabio, para que aprendas a confiar más en Jesucristo y así seas salvo. Todo lo que está escrito en la Biblia es el mensaje de Dios, y es útil para

enseñar a la gente, para ayudarla y corregirla, y para mostrarle cómo debe vivir".

2 Timoteo 3:15-16 TLA

Cuando Dios le habló a Josué para encomendarle la misión de continuar con la obra que había iniciado Moisés le aconsejó que leyera la palabra.

"Nunca dejes de leer el libro de la Ley; estúdialo de día y de noche, y ponlo en práctica, para que tengas éxito en todo lo que hagas".

Josué 1:8 TLA

Lo mejor que podemos hacer, es alimentar nuestro espíritu con la palabra viva, porque esta palabra tiene el poder de fortalecernos en el proceso mientras avanzamos hacia nuestra Tierra Prometida.

"Cada palabra que Dios pronuncia tiene poder y tiene vida. La palabra de Dios es más cortante que una espada de dos filos, y penetra hasta lo más profundo de nuestro ser. Allí examina nuestros pensamientos y deseos, y deja en claro si son buenos o malos".

Hebreos 4:12 TLA

Al leer detenidamente la historia que narra el libro de Josué me encontré algunos principios importantes que puedo aplicar en mi vida diaria y aquí te los comparto:

- Dios actúa como un *coach* personal, así que antes de entrar a pelear nos da las estrategias específicas que debemos emplear para cada batalla que vamos a enfrentar.
- Nos garantiza que no pelearemos solos, sino que Él peleará con nosotros y que obtendremos la Victoria.
- Aún, cuando nuestros enemigos intenten engañarnos quedarán descubiertos e incluso terminarán bajo nuestro servicio.
- Nuestras Victorias serán notorias y provocará que los enemigos hagan alianzas para poder vencernos, pero entonces Dios nos enviará ayuda sobrenatural para acabar con nuestros enemigos.
- Recompensa nuestro esfuerzo y valentía con un botín.
- Después de haber peleado, nos da descanso de la guerra y nos permite poseer TODA LA TIERRA para darla en heredad a nuestra siguiente generación.
- Dios le dio cumplimiento a todas las promesas que les había dado.

Ni una sola de todas las buenas promesas que el Señor le había hecho a la familia de Israel quedó sin cumplirse; todo lo que él había dicho se hizo realidad.

Josué 22:45 NTV

Después de ver cómo Dios actuó con Josué, me puse a reflexionar y la principal enseñanza que me dio de manera personal fue que me hizo entender que cuando Él prometió una tierra, no eran territorios desocupados, sino territorios ocupados, los cuales debían ser despojados, y por eso les dio estrategias muy específicas que ellos debían seguir al pie de la letra para que pudieran poseer esos territorios legítimamente.

Y esto me hizo pensar acerca de mi vida espiritual, porque el hecho de que haya obtenido por gracia la salvación, eso no implicaba que ya no tenía que trabajar en algunas áreas de mi vida, por el contrario, Dios me mostró que, si quería recibir lo nuevo, primero debía sacar lo viejo. Así que he tenido que seguir sus estrategias para despojar de mi mente, alma, pensamientos y sentimientos que no podían seguir ocupando espacio para eso nuevo que Dios quería traer a mi vida.

Pero como decía el apóstol Pablo:

"Con esto no quiero decir que yo haya logrado ya hacer todo lo que les he dicho, ni tampoco que ya sea yo perfecto. Pero si puedo decir que sigo adelante, luchando por alcanzar esa meta, pues para eso me salvo Jesucristo. Hermanos, yo sé muy bien que todavía no he alcanzado la meta; pero HE DECIDIDO no fijarme en lo que ya he recorrido, sino que ahora me concentro en lo que me falta por recorrer. Así que sigo adelante, hacia la meta, para llevarme el premio que Dios nos llama a recibir por medio de Jesucristo".

Filipenses 3:12-14 TLA

Uno de esos pensamientos y sentimientos que tenía que sacar de mi mente y alma, era esa necesidad constante de pedir confirmación cada vez que Dios me daba una nueva instrucción. Viendo a Josué, me di cuenta de que él no pedía confirmaciones. Josué actuaba confiado en las estrategias que Dios le daba y era así como obtenía las victorias.

No pasaron muchos meses cuando tuve que poner en práctica lo que Dios me había enseñado a principios de ese año 2018. Así que llegó el tiempo en que debía demostrar que había madurado en esta área de mi vida.

Dios me había hablado de que venía el tiempo de poseer la tierra prometida y que no vendría sin batallas, pero que no tuviera temor porque Él me daría las estrategias y las victorias sobre cada una de ellas. Aunado a esa palabra Dios me recordó una promesa que me hizo recién casada. Me dijo: *"Tu matrimonio es como el bambú, primero echa raíces profundas y no crece por fuera hasta el séptimo año. Pero en el séptimo año crecerá y su crecimiento será veloz y nadie lo podrá detener"*.

Teniendo esto en mente, cuando de estar todo en aparente paz y quietud se levantó una batalla que no me esperaba, no tuve temor de pelear. Luché sabiendo que Dios me había dicho que la tierra prometida era como una viña y por eso tenía que cazar a las pequeñas zorras, porque aun siendo pequeñas podrían acabar con las cosechas. Recuerdo perfecto que Dios me hizo recordar cuando mi esposo y yo nos comprometimos y leímos juntos el libro que se llama *"Vámonos de cacería"* de Carlos Ortiz y en ese libro el tema central es la familia. En ese libro aconseja a los matrimonios a cuidar su viña de las pequeñas zorras que entran a dañar la cosecha, y uno de sus consejos es que nunca debemos tratar a una pequeña zorra como mascota, porque, aunque las alimentes, ellas al final destruirán tu viña porque es su naturaleza.

"Las zorras pequeñas causan daño a nuestras viñas. ¡Ayúdennos a atraparlas, pues nuestras viñas están en flor!"
Cantar de los Cantares 2:15 TLA

Te imaginas a Josué pensando: *"¿pero cómo voy a ir a pelear por un territorio que ya está ocupado, solo porque Dios me dice que me lo entregará a mí?"*, o que hubiera ido a pedir consejo a sus familiares y amigos más cercanos acerca de ese asunto. Es probable que algunos lo hubieran animado a obedecer a Dios, pero otros tal vez no estarían de acuerdo.

¿Recuerdas cuando Jesús les cuenta a sus discípulos que era necesario ir a Jerusalén, y que sufriría muchas cosas terribles y que lo matarían, pero que al tercer día resucitaría? Y que Pedro le aconseja que no vaya para que no le suceda nada y Jesús lo reprende severamente y le dice que se aparte porque ve las cosas desde el punto de vista humano y no como Dios lo ve.

Así que cuando recibas una instrucción de Dios, no la pongas en una mesa de debate, ni siquiera con aquellos que son muy cercanos a ti. NO corras el riesgo de ser desviado del plan que Dios tiene para ese asunto en particular.

Josué por haber obedecido a Dios, pudo ocupar el lugar que Dios tenía reservado para él y sus generaciones.

"Asimismo, ningún atleta puede obtener el premio a menos que siga las reglas".
2 Timoteo 2:5 NTV

Me llamó mucho la atención que en el capítulo 8 de Josué cuando capturan al Rey de Aí lo cuelgan de un árbol a la vista de todos. Y esta parte me hizo recordar que en el libro de *Vámonos de cacería* menciona que cuando las zorras son cazadas, podemos exhibir nuestra victoria porque forma parte de nuestra recompensa.

"Y el agricultor que se esfuerza en su trabajo debería ser el primero en gozar del fruto de su labor".
2 Timoteo 2:6 NTV

Cuando escuches a Dios no temas, sé valiente y confía que Él va contigo y nadie podrá hacerte frente y así como estuvo con Moisés estará contigo y te entregará la victoria en cada batalla y tu recompensa no será escasa, sino que brindará seguridad y descanso a tu siguiente generación.

Pelea por tu tierra prometida, no en tus fuerzas, sino con el poder y la guía del Dios que te ama y sabe lo que es mejor para ti.

CAPÍTULO 23

¡TIENES QUE PAGAR EL PRECIO!

….."Solamente, esfuérzate y sé muy valiente"…
Josué 1:7 RV1960

Lo que te acabo de contar en el capítulo anterior sucedió en el mes de octubre de 2018, y a raíz de esa victoria, vino un breve tiempo de descanso de la guerra. Ese tiempo de preparación me sirvió para estar lista y renovada para recoger la cosecha, porque cuando tienes una viña no puedes mantenerla sin esfuerzo, va a requerir de tu constancia y dedicación.

A principios del año 2019 Dios me dio un refrigerio de gozo y con ese gozo se fortaleció mi alma y mi espíritu. Recuerdo que en más de una ocasión me guio a escuchar predicaciones que tenían que ver con el gozo y con tocar pandero. Así que un día ¡literal! fui a buscar un pandero pequeño que tenían mis hijos y me puse a tocar pandero. Porque lo que hacemos en lo natural produce efectos espirituales que ni siquiera comprendemos.

Lo siguiente que vino a mi mente fue que las cosechas producen mucho trabajo y esfuerzo, era tiempo de recargar la pila porque venía un tiempo de mucho trabajo que requería mi esfuerzo. Luego viendo un video titulado "Cómo servir a Dios" en el canal de *Youtube* "Qué dice la Biblia", el día 2 de abril de 2019 escuché una frase que retumbó en mi cabeza *"Tienes que pagar el precio"*. Pero retumbó aún más cuando se despertó mi hijo Eduardo y todo dormido me dijo: "¡Mamá tienes que pagar el precio!", solo habían pasado seis días desde que lo escuché la primera vez y ahora esa frase me empezó a perseguir. Al día siguiente escuchando el mensaje #603 de Dante Gebel lo enfatizó otra vez, dijo: "VAS A TENER QUE PAGAR EL PRECIO" y sé que parece una locura, pero mi hijo volvió a despertar con la misma frase y la repitió muchas veces.

Así que no quisiera avanzar sin decirte lo siguiente. Hay tres fuentes de donde pueden venir los consejos:

- DE DIOS (Biblia, predicaciones, Espíritu Santo) estos consejos tienen el poder de fortalecerte y animarte.
- DEL DIABLO (personas y pensamientos) sus consejos tienen la habilidad de debilitarte y condenarte.
- DE TI MISMA (Cuida lo que escuchas) estos son muy peligrosos porque nos pueden confundir.

Una manera en la que puedes diferenciarlos es orando, ayunando y pasando tiempo en silencio con Dios, sé que no suena fácil porque requiere de todo tu enfoque, pero te garantizo que cuando buscas de todo corazón, Dios mismo te guiará para que aprendas a diferenciar cuando la voz que se levanta incesantemente proviene de Él con el propósito de guiarte hacia tu siguiente temporada.

Nada de lo que te he contado hasta este momento en cada uno de los capítulos hubiera sido posible sin la ayuda de su espíritu. Confía que también está disponible para ti este tipo de ayuda.

"Y yo le pediré a Dios el Padre que les envíe al Espíritu Santo, para que siempre los ayude y siempre esté con ustedes. Él *les enseñará lo que es la verdad…"*

Juan 14:16-17ª TLA

No me atrevería a contarte cada una de las etapas por las que Dios me ha hecho atravesar, si no hubiera comprobado por mí misma que funciona depender de sus consejos.

Hoy en día mi esposo y yo estamos trabajando juntos por nuestra viña y hemos podido ver que la gracia y el favor de Dios nos acompaña mientras avanzamos hacia el propósito que tenemos en común.

Así que puedo decir que vale la pena esforzarnos, porque la recompensa siempre es muy gratificante. De hecho, uno de los mejores cierres de año que hemos vivido fue precisamente el de ese año 2019, Dios nos dio la oportunidad de cerrarlo con mucha alegría, gratitud, paz y sobre todo con una quietud en el alma que no se paga con nada. Y es que cuando la bendición proviene de Dios viene libre de preocupación y angustia.

Dios desea que nos esforcemos y estemos dispuestos a pagar el precio que él nos pide, y a su tiempo nos dará nuestra recompensa.

Hay un llamado particular para cada uno de nosotros y debemos responder a ese llamado, el mío lo tengo bien claro y le he respondido a Dios con un: "¡Sí, acepto Dios!", y estoy esforzándome cada día de mi vida en este llamado que Dios me ha dado. Porque conforme avanza mi vida, estoy más convencida que me queda menos tiempo para presentarme ante él y cuando ese día llegue quisiera decirle: "Hice lo que me pediste".

En mi esfuerzo hay una recompensa diaria que me llena de gozo, paz y plenitud que jamás experimente en la vida.

Por eso me gustaría animarte a pagar el precio, cualquiera que este sea, ¡hazlo!, tomado de la mano de Dios, podemos hacerlo para su gloria.

CAPÍTULO 24

20/20

AGUDEZA VISUAL

… "Te guardaré de la hora de la prueba
Que ha de venir sobre el mundo entero
Para probar a los que moran sobre la tierra".
Apocalipsis 3:10 RV60

Como ya te he comentado en otros capítulos, antes de que comience el año busco la agenda que más me llame la atención y la compro porque de esa manera me mantengo motivada para seguir escribiendo durante los 365 días del año que está por comenzar.

Así que mientras buscaba mi agenda, iba platicando en mis pensamientos con Dios y le preguntaba qué viene para el próximo año 2020 y entonces vi en mi mente el número 20/20 entonces inmediatamente le dije a Dios: "Danos tu visión". Eso fue el día 29 de noviembre. Luego el día 4 de diciembre vi la portada de la revista *The Economist* y era una tabla optométrica y entre las letras se formaba la palabra visión. Al ver esto, vino a mi mente que este año que estaba por comenzar Dios nos daría agudeza visual.

Con eso en mente, estaba ansiosa por estrenar mi agenda y es que me emociona tanto empezar a escribir en ella. Afortunadamente para mí, el día que la estreno es un día feriado, en el que no hay prisas y puedo sentarme tranquilamente a escribir. Como es costumbre inicio con la parte del nombre y como en cada agenda viene una parte para poner objetivos o planeación, esas hojas siempre las uso para dejar fluir mi mente, sin piensar mucho solo tomo mi pluma y dejo que escriba sin pausas.

Aquí te trascribo lo que escribí:

PROPÓSITOS

"Desarrollar VISIÓN 20/20"

Ver con mis ojos espirituales. "Padre, restaura mi visión espiritual, pon colirio en mis ojos. Permite que pueda reconocer el cumplimiento de las cosas anunciadas por los profetas".

Y me detuve a buscar el versículo que vino a mi mente en ese momento que dice:

"… Unge tus ojos con colirio, para que veas".
Apocalipsis 3:18 RV60

Y normalmente cuando viene a mi mente un versículo que se aplica a lo que estoy orando, no solo leo el versículo, sino que lo tomo como una referencia y empiezo a leer todo el capítulo y ese día mientras leía todo el capítulo 3 de Apocalipsis se resaltó en mis ojos el versículo 10 y eso fue lo siguiente que anoté.

"…yo también te guardaré de la hora de la prueba que ha de venir sobre el mundo entero… He aquí, yo vengo pronto; reten lo que tienes, para que ninguno tomé tu corona. Al que venciere, yo lo haré columna en el templo de mi Dios".
Apocalipsis 3:10,11,12 RV60

Después de esto seguí buscando palabra de Dios no solo en la Biblia, sino que busqué predicadores para saber qué estaban hablando acerca del año que estaba comenzando y parecía que todos coincidían en que sería un año de visión perfecta. Así que dispuse mi corazón para estar muy atenta a todo lo que Dios estaba a punto de mostrarme y no solo a mí, sino a todos aquellos que se mantuvieron buscando la presencia de Dios.

Conforme avanzaron los primeros dos meses se empezaron a escuchar noticias acerca de un virus que surgió en Wuhan, China y que causaba la muerte de las personas. Entonces como el virus se propagó hacia otros países el 11 de marzo, con 118.000 casos reportados en 114 países y 4291 personas fallecidas, la Organización Mundial de la Salud declaró que el brote de la enfermedad del Coronavirus 19 causada por el SARS-CoV2, es considerada una pandemia. Por tal motivo una de las estrategias que se implementó a nivel mundial para reducir las probabilidades de contagio fue entrar en cuarentena.

Con esto, el mundo entró en una psicosis y poco a poco dejaron de salir a las calles, y se empezó a trabajar y estudiar desde casa. Recuerdo que la noche que se declara pandemia esta enfermedad nosotros durante la cena dimos gracias a Dios y venía a mi mente cuando Dios manda la última plaga a Egipto y les da la instrucción a su pueblo de tomar un cordero para rociar la sangre en los dinteles de la puerta porque eso serviría de señal para que la muerte pasara de largo. El solo hecho de recordar eso hizo que mi corazón se llenara de confianza y fue como el antídoto perfecto para fortalecer mi Fe y me sirvió para enseñarle a nuestros hijos que, así como Dios cuidó de su pueblo, así la sangre de Cristo nos mantendría con vida.

"No moriré, sino que viviré, Y contaré las obras de JAH".
Salmos 118:17 RV60

Para nosotros no hubo cuarentena porque gracias a Dios el giro del negocio calificaba entre los esenciales, así que pudimos continuar trabajando y aunque sí cambió la forma de operar fuimos muy fortalecidos en nuestra fe y pudimos gozar de tiempos de oportunidad en el momento de crisis. Mientras empresas grandes cerraban, Dios nos permitió expandirnos.

"La bendición de Jehová es la que enriquece, y no añade tristeza con ella".
Proverbios 10:22 RV60

Sin embargo, en mi espíritu sabía que tenía que mantenerme enfocada para no dejar que pasara frente a mis ojos la visión que Dios deseaba mostrarnos.

Así fue como justo unos días antes de que terminara el mes de marzo recibí un mensaje que me llamó mucho la atención porque estaba relacionado con la palabra cuarentena. Y en ese mensaje hacían alusión a las veces que encontramos el 40 en la Biblia y cómo este número está muy relacionado con el CAMBIO. Por ejemplo; menciona, que el diluvio duró 40 días y 40 noches, luego Moisés y el pueblo de Israel estuvieron en el desierto 40 años, luego Jesús fue guiado por el Espíritu Santo para estar ayunando en el desierto por 40 días y 40 noches, antes de comenzar su ministerio. Luego por 40 días Jesús se apareció resucitado a sus discípulos y a más de 500 personas.

Si prestamos atención podemos darnos cuenta de que cada uno de estos eventos que sucedieron provocaron un cambio, y no necesitamos ser muy analíticos para darnos cuenta de que esta pandemia nos metió en una cuarentena y en un proceso de cambio. Y esto me hace pensar que, así como Dios buscó a un Noé para revelarle lo que haría con la humanidad o a un Moisés para liberar a su pueblo de la esclavitud. Así mismo en este tiempo Dios está buscando a quién abrirle los ojos espirituales para que vea cómo se están cumpliendo ante nuestros ojos lo que ya fue anunciado por los profetas. Además, creo que el propósito principal que Dios tiene para esas personas que acepten el llamado, es que sean revestidas con el poder de su Espíritu para que anuncien el mensaje verdadero de Jesús tal y como Él se los anunció a sus discípulos y a la multitud que le seguía. Y también creo que las personas enviadas por Él les seguirán mayores señales, porque el deseo del Padre sigue siendo el mismo:

"El cual quiere que todos los hombres sean salvos y vengan al pleno conocimiento de la verdad".
1 Timoteo 2:4 LBLA

La misión no es sencilla, por eso no podemos depender de una doctrina o religión, sino que debemos renovar nuestra mente solo con la palabra de Dios sin mezclas de humanismo, porque si diluimos el mensaje, el poder de Dios no podrá ser manifestado como en el tiempo de los primeros discípulos y apóstoles de Jesús.

No podremos operar bajo el poder del Espíritu Santo si continuamos usando estrategias y filosofías humanas. Pablo le aconsejo a Timoteo acerca del tiempo que estamos viviendo.

"Debes saber también que, en los últimos días, antes de que llegue el fin del mundo, la gente enfrentará muchas dificultades. Habrá gente egoísta, interesada solamente en ganar más y más dinero. También habrá gente orgullosa, que se creerá más importante que los demás. No respetarán a Dios ni obedecerán a sus padres, sino que serán malagradecidos y ofenderán a todos. Serán crueles y violentos, no podrán dominar sus malos deseos, se llenarán de odio, dirán mentiras acerca de los demás, y odiarán todo lo que es bueno. NO se podrá confiar en esos orgullosos, porque actuarán sin pensar. En vez de obedecer a Dios, solo harán lo que les venga en gana. Dirán que aman y respetan a Dios, pero con su conducta demostrarán lo contrario. No te hagas amigo de esa clase de gente, porque tienen la mala costumbre de meterse en cualquier casa, para engañar a mujeres tontas y pecadoras, que son incapaces de dominar sus malos deseos; siempre están queriendo aprender algo nuevo, pero nunca

llegan a entender la verdad. Esa *clase de gente es enemiga de que se dé a CONOCER EL VERDADERO MENSAJE DE DIOS. Tiene la mente corrompida, y no ha aprendido a confiar en Dios. Pero no seguirá así por mucho tiempo. Todos habrán de darse cuenta de que esa gente es estúpida, como lo eran Janes y Jambres, los magos que estaban en contra de Moisés".*

2 Timoteo 3:1-9 TLA

Esta descripción tan detallada fue escrita con la guía del Espíritu Santo y es probable que mientras la leemos inmediatamente venga a la mente alguna persona a quien consideramos cumple con estas características, sin embargo, debemos analizar cómo esta nuestra conducta delante del Dios que todo lo escudriña y considerar si hay algo con lo que nos identificamos y si es así debemos ponernos a cuenta con Dios. Porque este es el tiempo en el que Dios nos llama a volvernos hacedores de su palabra y no solo oidores que escuchan, enseñan, pero no practican.

Este año de pandemia tuve la oportunidad de escuchar de boca de otros lo que Dios sembraba en mi mente y corazón en mis tiempos a solas y para mí ha sido una tremenda confirmación de que Dios en este tiempo de confinamiento está aprovechando para persuadir a sus hijos a una comunión más íntima y genuina, en la que seamos trasparentes y sinceros como nunca antes. Y esto es, porque viene el tiempo en el que de entre todas esas personas que no han dependido de un líder para crecer espiritualmente, sino que han buscado a Dios en secreto, dentro de muy poco empezarán a salir del anonimato en el que habían estado y no será porque buscaron una posición, pues incluso algunos de ellos son personas que, como Moisés, le han puesto excusas a Dios y le han dicho que no saben hablar, sin embargo, ellos serán comisionados para una gran asignación a pesar de que para el mundo no califican porque tienen antecedentes que los hace ver como personas poco espirituales, pero, aun así ellos contarán con la gracia y favor de Dios y sus obras serán respaldadas con el poder del Espíritu de Dios. Esos hombres y mujeres que el mundo considera con poca autoestima, ellos son los que serán promovidos por Dios en este tiempo porque son los que tendrán en más grande estima y honor al Dios que los escogió para esta labor. Ellos no hablarán de su propio corazón, sino que hablarán lo que escuchan hablar al Padre. Algo que les caracterizará es la mansedumbre que vimos en Cristo,

"el cual, siendo en forma de Dios, no estimó el ser igual a Dios como cosa a que aferrarse, sino que se despojó a sí mismo, tomando forma de siervo, hecho semejante a los hombres; y estando en la condición de hombre, se humilló a sí mismo, haciéndose obediente hasta la muerte, y muerte de cruz".
Filipenses 2:8 RV60

Preparémonos porque estamos a punto de ver con nuestros ojos naturales la manifestación de los hijos de Dios.

"Pues toda la creación espera con anhelo el día futuro en que Dios revelará quienes son verdaderamente sus hijos".
Filipenses 2:19 NTV

CAPÍTULO 25

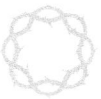

SUEÑA

"Pues Dios trabaja en ustedes y les da el deseo
Y el poder para que hagan lo que a Él le agrada".

Filipenses 2:13 NTV

En el capítulo 6 te relaté cómo hubo una serie de lo que muchos llaman coincidencias, pero que en realidad yo creo que es la misericordia de Dios llamando nuestra atención hacia una misma cosa, porque desea que nosotros pongamos manos a la obra en un asunto en particular y nos sintamos un poco más seguros de que ese deseo o idea no proviene de nosotros, sino de Él.

En mi caso, así ha sucedido. Dios no paró de insistir para que continuara escribiendo este libro. La verdad me ha llevado cinco años escribirlo y no ha sido fácil. Pero cuando parecía que el bloqueo mental ya no me permitía avanzar, recibí a través de un anuncio de *Youtube* una invitación gratuita para inscribirme en un curso de un conocido y reconocido conferencista internacional a quien nombro en este libro porque fue usado como un instrumento para que Dios me diera las herramientas que estaba necesitando en ese momento y así pudiera continuar escribiendo hasta poder ver materializado ese libro que un día pude ver terminado en mi imaginación, pero que solo de imaginarlo la verdad a mí me parecía un sueño imposible de lograr.

Aunque sabía dentro de mí que ese sueño no provenía de mí, porque por más que intentaba olvidarme del asunto no podía, sino que venía a incomodarme cuando más cómoda me sentía. De verdad que no exagero cuando te digo que veía recordatorios por todas partes. Así que cuando escuché la invitación de César Lozano en ese anuncio supe que para mí era como un ultimátum con el que Dios me decía: *"Te voy a dar herramientas para que ya no tengas más excusas"*. Y mira lo que son las cosas, Dios es tan detallista, que esa invitación me apareció un día antes de mi cumpleaños y de verdad que para mí fue como un regalo divino.

Y luego como si necesitara más coincidencias el día que me tocaba ver y escuchar el primer módulo, no me vas a creer que llegué a una tienda por un café y para mi sorpresa estaban escuchando a César Lozano y eso hizo que mi corazón se llenara de más expectativa de la que ya tenía. Así que, me apresuré para llegar a la oficina y mientras preparaba la computadora uno de mis hijos me pregunta: "Mamá, ¿quién es el maestro que vas a ver?" Y le respondí: "No es maestro". Y mi hijo mayor le dice: "No es maestro, es un mensajero de Dios". Y realmente eso fue para mí en ese momento, porque yo creí que solo iba a aprender cosas muy técnicas, pero la verdad es que más que técnicas, él comparte su experiencia de Vida y lo hace de una manera que es un apapacho para el Alma.

Luego que terminé esos módulos gratuitos, me registré al curso de *Escribe tu Libro* y aunque todo fue en línea realmente fue como asistir a un taller de manera presencial porque todo lo hacen con mucha calidez, sencillez y excelencia. Mientras veía el segundo módulo me hicieron que tomara papel y pluma para escribir una estructura del libro y aunque ya la tenía en mente aún no la había plasmado en un papel y eso de verdad que te aligera mucho la mente porque de esa manera empiezas a tener las piezas acomodadas y te libera del estrés de tener todas las ideas desordenadas. Además, me encantó tener este acompañamiento porque mientras me impartían los conocimientos que ellos aprendieron durante sus años de práctica, de verdad que lograban inyectarme ánimo para ponerme las pilas y practicar lo que me estaban enseñando. Así que al tiempo que participaba de las *masterclasses*, ponía en práctica lo que estaba aprendiendo y en dos meses pude organizar, planear, y desbloquear lo que solo estaba en mi mente y lo pude poner por escrito. Aunque bueno, como te conté en el capítulo 8 el bloqueo tenía una razón más profunda y hasta que cavé, pude identificar la emoción que estaba impidiendo que fluyera de manera libre y natural. Pero una vez que atendí ese asunto, Dios se encargó de mover las piezas del ajedrez para que yo pudiera encontrarme con este curso y estoy sumamente agradecida por eso. Y estoy segura de que Dios no dejará sin recompensa todo el esfuerzo que hacen Cesar Lozano y todo su equipo porque a pesar de que preparan materiales gratuitos lo hacen con la misma calidad de los cursos que no lo son. Así que, en cuanto a mí, no me resta más que agradecer a Dios por sus vidas y desearles que reciban una cosecha abundante de toda su siembra.

Este capítulo en particular me hace sentir mucha emoción porque en el momento que lo empecé se activó dentro de mi Fe para creer que hay esencia del cielo fluyendo para activar a personas que al igual que yo estaban estancadas por la duda e indecisión y que no se atreven a realizar aquello que está en sus corazones por temor a la crítica, al rechazo, al juicio, etc., etc., etc., pero hoy creo que tu Fe se activa para no aplazar más esos proyectos dormidos, hoy despiertan en ti y así como Dios puso los recursos a mi alcance lo hará contigo.

"...al que cree, TODO le es POSIBLE".
Marcos 9:23 RV60

Me animo a hacer estas declaraciones sobre tu vida porque al mismo tiempo que estaba tomando las *masterclasses* de *Escribe tu Libro* con Cesar Lozano, también me llegaron palabras de una mujer llamada Omayra Font y sus palabras venían acompañadas de fe, desafío y esperanza. De hecho, el título y el versículo bíblico de este capítulo es el que ella utilizó para el podcast que escuché y en él enfatiza mucho que hay sueños que Dios deposita en nosotros y llegado el tiempo de que se materialicen nos produce un querer que nos lleva a hacer lo que desde antes ya era su voluntad para nosotros.

Así que con esto en mente por favor activa tu fe, pon manos a la obra en ese sueño porque te garantizo que tu ayuda viene en camino en el momento que pongas manos a la obra, no dudes, solo cree y obedece a la suave voz del Espíritu que te dice:

"...No temas, yo te ayudo".
Isaías 41:13 RV60

Por último, quiero animarte a no olvidar que los sueños producidos por Dios siempre cuentan con su respaldado y su poder para hacerlos crecer hasta multiplicarse. Así que cualquiera que sea lo que Dios ha depositado en ti, no dudes más y hazlo.

CAPÍTULO 26

GOBIERNO DE DIOS

…"Venga a nosotros tu Reino"….
Mateo 6:10 RV60

Un día mientras les ayudaba a mis hijos a bañarse, recordé la historia de Josías y empecé a contarles que Josías tenía 8 años cuando su padre el Rey Amón murió y entonces Josías tuvo que hacerse cargo del gobierno de su pueblo y que a pesar de que su padre no vivió una vida que agradara a Dios, Josías sí hizo lo correcto delante de Dios.

La intención de contarle esta historia a mis hijos fue porque el más grande tiene 8 años y el otro tiene 7 años y porque al tiempo que recordaba la historia venía a mi mente la siguiente reflexión, pensaba que, si un niño de esa edad pudo empezar a gobernar un pueblo, entonces creo que de alguna manera Dios nos ha dado ejemplo con esta historia de que es posible que a partir de esa edad podamos empezar a gobernar nuestra mente, nuestro cuerpo, nuestras emociones, nuestra conducta, y también para elegir hacer lo que es correcto.

Y les decía a mis hijos que nosotros ya les hemos enseñado lo que es correcto y agradable para Dios y lo que no lo es. Y que, aunque papá y mamá no estén con ellos nosotros deseamos que ellos empiecen a hacer lo que es correcto porque eso agrada a Dios.

Ahora quisiera resaltar qué fue lo que hizo Josías y por qué considero que su historia es asombrosa y digna de ser contada.

JOSÍAS

- Empezó a reinar a los 8 años.
- Hizo lo correcto ante los ojos de Jehová.
- Reinó 31 años.
- A los 12 años comenzó a limpiar a Judá y a Jerusalén de imágenes y esculturas.
- Después de limpiar pidió que repararan la casa de Jehová su Dios.
- Cuando el escriba Safán le leyó el libro de la Ley que Jehová le había dado a Moisés, Josías rasgó sus vestidos en señal de arrepentimiento.
- Después de esto le pidió al sacerdote Hilcías y al escriba Safán que fueran a consultar a Dios por él y por el remanente de Israel y de Judá.

Dios le envió el siguiente mensaje a Josías:

"He aquí yo traigo mal sobre este lugar y sobre los moradores por cuanto me han dejado y han ofrecido sacrificio a dioses ajenos, provocándome a ira. Pero al rey que los envía a consultarme le digo:

¨Por cuanto oíste las palabras del libro y tu corazón se conmovió y te humillaste delante de Dios al oír sus palabras y rasgaste tus vestidos y lloraste en mi presencia, yo también te he oído, dice *Jehová. He aquí que yo te recogeré con tus padres en paz y tus ojos no verán todo el mal que yo traigo sobre este lugar y sobre los moradores de él. Luego Josías subió a la casa de Jehová y allí reunió a los ancianos de Judá y Jerusalén, también a los sacerdotes y levitas y leyó a oídos de ellos todas las palabras del libro del pacto que había sido hallado en la casa de Jehová y entonces hizo pacto delante de Jehová de caminar en sus mandamientos, testimonios y estatutos con todo su corazón y alma. Y el pueblo también hizo pacto de servir a Jehová su Dios. Y no se apartaron de Jehová todo el tiempo que vivió Josías".*

La primera vez que leí esta historia fue hace más de dos décadas y realmente me impresionó, recuerdo que me impactó tanto que en cuanto la leí, se la enseñé al grupo de adolescentes de la iglesia y también al grupo de primarios porque de verdad que me pareció sorprendente la forma en la que reaccionó Josías a pesar de su corta edad.

A mí en lo personal me deja una tremenda lección Josías por su manera tan radical de comportarse cuando conoció la verdad a cerca de Dios. Creo que su genuina devoción y honra a Dios provocó que el pueblo también quisiera comprometerse a adorar a Dios y que además ellos estuvieron dispuestos a dejar de practicar la adoración a dioses ajenos, lo cual no es cosa fácil de abandonar porque son prácticas heredadas de muchas generaciones atrás. Sin embargo, cuando una persona se rinde al único y verdadero Dios esas ligaduras se rompen.

Mi deseo al incluir la vida y ejemplo de Josías es animarte a elegir hacer lo correcto y lo que agrada a Dios por encima de toda tradición familiar porque haciendo esto te aseguro que la bendición del Dios todopoderoso reposará sobre ti y tus siguientes generaciones. Creo que hoy al igual que en el tiempo de Josías, Dios está esperando que más personas se rindan y entren a su gobierno para extenderles su cobertura.

Sin embargo, esta verdad es algo que cada vez está más delegada al sector eclesiástico cuando en realidad debería de ser una labor fundamental de los padres de familia. Y quizá te preguntes cómo se puede entrar al gobierno de Dios, al igual que cualquier otro gobierno terrenal tiene una constitución y esta es la Biblia. Y en ella están contenidos tanto nuestros derechos como nuestras obligaciones, nuestros límites y también define la forma de relacionarnos con nuestra Autoridad.

Y así como una persona que nace en el territorio debe obtener un registro que acredite que fue nacido dentro del territorio nacional, de la misma manera la Biblia establece la forma en la que una persona es considerada no solo ciudadano del reino, sino Hijo de Dios.

"Todos nacen de padres humanos; pero los hijos de Dios solo nacen del Espíritu"

Juan 3:6 TLA

Este nacimiento espiritual se da cuando por obra del Espíritu Santo somos convencidos de nuestro pecado y Dios al ver que estamos arrepentidos nos revela que, si creemos que Jesús es su Hijo, eso es suficiente para ser perdonados.

"Pues si creemos de todo corazón, seremos aceptados por Dios; y si con nuestra boca reconocemos que Jesús es el Señor, Dios nos salvará".

Romanos 10:10 TLA

"Pero a todos los que creyeron en él y lo recibieron, les dio el derecho de llegar a ser hijos de Dios. Ellos nacen de nuevo, no mediante un nacimiento físico como resultado de la pasión o de la iniciativa humana, sino por medio de un nacimiento que proviene de Dios".

Juan 1:12-13 NTV

La ventaja de nacer del Espíritu es que los cambios en nuestra conducta no se dan como parte de un esfuerzo propio, sino que el mismo Espíritu que viene a morar dentro de nosotros nos motiva a vivir una vida que agrada a Dios.

"Y este mismo Espíritu se une a nuestro espíritu para dar testimonio de que ya somos hijos de Dios".
Romanos 8:16 DHH

Al venir a formar parte del reino de Dios nuestra alma empieza a anhelar las cosas espirituales porque, aunque seguimos formando parte de este mundo ahora nuestra ciudadanía es celestial.

"En cambio, nosotros somos ciudadanos del cielo, donde vive el Señor Jesucristo; y esperamos con mucho anhelo que él regrese como nuestro Salvador".
Filipenses 3:20 NTV

La encomienda de Dios es que nosotros como hijos y representantes del reino de Dios vivamos de acuerdo a los principios de su reino. Por eso en la oración modelo que Jesús le enseño a sus discípulos dice que le pidamos al Padre que venga su reino para que se haga su voluntad aquí en la tierra como en el cielo. El reino de Dios consiste en llevar una vida de bondad, paz y alegría en el Espíritu Santo. Si servimos a Cristo con esa actitud, agradaremos a Dios y también tendremos la aprobación de los demás. Romanos 14:17-18 NTV con énfasis personal.

Y el propósito de que nosotros nos convirtamos en un ejemplo no es solo para ganar una buena fama, sino porque hemos sido llamados a ser embajadores de Cristo para llevar el mensaje de reconciliación.

"Así que somos embajadores de Cristo; Dios hace su llamado por medio de nosotros. Hablamos en nombre de Cristo cuando les rogamos: ¡Vuelvan a Dios!"
2 Corintios 5:20 NTV

En el ejemplo de Josías nos podemos dar cuenta de que él no solo buscó agradar a Dios, sino que procuró que todo el pueblo se volviera a Dios de todo corazón para servirlo, honrarlo y agradarlo cumpliendo sus mandamientos y ordenanzas. Y es que creo que esto es algo que caracteriza a los nacidos de nuevo, creen en Dios, practican la palabra y atraen a otros a Dios. A Josías Dios le había dado influencia y supo usarla para conducir a todo un pueblo hacia Dios, y creo que a nosotros los que somos padres de familia nos corresponde influir con un ejemplo de adoración a Dios para que nuestros hijos también decidan comprometerse a vivir una vida que agrade a Dios. Sobre todo, hoy en la actualidad cuando vivimos en un sistema que llama a lo malo bueno y a lo bueno malo.

Algo que me llama mucho la atención de los personajes del Antiguo Testamento es que cuando ellos se rendían a Dios, leían los mandamientos de Dios para aplicarlos a su vida y se los enseñaban a sus hijos y a los hijos de sus hijos y es que ellos sabían que Dios les había dado una ley a través de Moisés, entonces ellos obedecían la Ley y como consecuencia las bendiciones de Dios estaban sobre ellos.

Esta es una parte de lo que ellos leían:

"Moisés continuó diciendo:

Si ustedes obedecen todos los mandamientos de Dios que hoy le he dado, serán su pueblo favorito en toda la tierra, recibirán siempre estas bendiciones: Dios los bendecirá dondequiera que vivan, sea en el campo o en la ciudad. Dios bendecirá a sus hijos, y a sus cosechas y ganados. Dios los bendecirá en sus hogares, en sus viajes, y en todo lo que hagan. Siempre serán muy felices en el país que Dios les dará. Nunca les faltarán alimentos y siempre tendrán pan en la mesa. Dios les dará a ustedes la victoria sobre sus enemigos. Podrán venir contra ustedes ejércitos en orden de batalla, pero tendrán que huir en completo desorden. Si obedecen a Dios en todo, él cumplirá su promesa y ustedes serán su pueblo especial. Entonces todos los pueblos verán que ustedes son el pueblo de Dios, y les tendrán miedo. Cuando ya estén ustedes en la tierra que Dios prometió dar a sus antepasados, él los tratará con bondad. Les permitirá tener muchos hijos, y hará que sus ganados se multipliquen. Todo lo que ustedes siembren producirá abundantes cosechas, pues Dios abrirá los cielos, donde guarda la lluvia, y regará los sembrados de ustedes. En todo lo que ustedes hagan, siempre les irá bien. Nunca tendrán que pedir prestado nada; al contrario, ustedes tendrán de sobra para prestarles a otros países. Si ustedes obedecen los mandamientos de Dios y nunca desobedecen ni adoran a dioses falsos, siempre serán el país más importante del mundo.

PERO si no obedecen los mandamientos de Dios, que hoy les he dado, serán castigados y caerán sobre ustedes las siguientes maldiciones:

Maldito será todo lo que hagan en la ciudad o en el campo. Malditas serán las uvas y el trigo que cosechen, y el lugar donde hagan pan. Malditos serán sus hijos y sus cosechas, y las crías de sus vacas y sus ovejas. Malditos serán en todo lo que hagan. Si se portan mal y se apartan de Dios, él los maldecirá y los hará sufrir, a tal grado que ustedes no sabrán que hacer. Muy pronto serán destruidos. Dios enviará enfermedades terribles que acabarán con todo el país, y ustedes se verán atacados por la fiebre y las inflamaciones. Nada de lo que siembren cosecharán, pues los saltamontes acabarán con todo. Será tanto el calor que todos sus sembrados se secarán, pues Dios no dejará que llueva. En vez de lluvia, Dios enviará polvo y arena hasta destruirlo todo. Cuando sus enemigos vengan a atacarlos, ustedes ordenarán sus ejércitos para responder al ataque, pero acabarán huyendo en desorden y serán derrotados por completo. Sus cadáveres quedarán tendidos por el suelo, y nadie podrá impedir que *sean devorados por las fieras y los buitres. Al ver esto, los demás países se espantarán. Dios los castigará con muchas enfermedades incurables, y se llenarán de tumores, sarna y comezón. Además, les saldrán llagas en la piel, como las que les salieron a los egipcios. Muchos de ustedes se volverán locos, y otros se quedarán ciegos. Todos en Israel estarán tan confundidos que no sabrán qué hacer ni a donde ir. Nada les saldrá bien, y otros países los maltratarán y les robarán, pero nadie vendrá en ayuda de ustedes. Si alguno se compromete en matrimonio, no llegará a casarse, pues otro se quedará con su novia. Si alguno construye una casa, no llegará a habitarla. Y si alguno siembra un viñedo, no llegará a disfrutar de las uvas. Delante de ustedes matarán a sus toros, pero ustedes no probarán un solo pedazo de carne. Y si alguien les arrebata su burro, jamás volverán a verlo. Sus enemigos les robarán sus ovejas, pero nadie los ayudará a rescatarlas. Les arrebatarán a sus hijos y a sus hijas, sin que ustedes puedan evitarlo. Se los llevarán a otro país, y ustedes nunca más volverán a verlos. En todo momento gente desconocida les robará, los maltratará, y cosechará lo que ustedes sembraron; será gente extraña la que disfrute de lo que ustedes con tanto esfuerzo produjeron. Además, Dios los castigará con llagas en todo el cuerpo, y nada podrá curarlos. Y cuando ustedes vean todo esto, se volverán locos. Dios también permitirá que ustedes y su rey caigan prisioneros, y que se los lleven a un país que jamás conocieron sus antepasados. Allí tendrán que adorar a dioses falsos, hechos de madera y de piedra. Y a dondequiera que nuestro Dios los lleve, la gente se sorprenderá de todo lo que les* habrá pasado. Se burlarán de ustedes, y hasta chistes harán de lo que les suceda. Sembrarán mucho, pero no cosecharán nada, porque los saltamontes se lo comerán todo. Sembrarán viñedos, y cuidarán sus plantas, pero no recogerán ni una sola uva, porque los gusanos se lo comerán todo. De esas uvas no beberán ni una gota de vino. Plantarán árboles de oliva, pero no recogerán ni una sola aceituna. Tampoco sacarán de ellas ni una sola gota de aceite, porque todas se caerán antes de tiempo. Tendrán hijos, y también hijas, pero no podrán tenerlos a su lado porque serán llevados prisioneros a otros países. Todos los árboles y las frutas que haya en sus terrenos, serán devorados por los saltamontes. Los extranjeros que vivan en su país se harán cada vez más ricos, mientras que ustedes se harán cada vez más pobres. Tan ricos serán ellos que hasta podrán prestarles dinero; en cambio, ustedes no tendrán nada que prestar. Ellos llegarán a ser los más importantes de la tierra, mientras que ustedes llegarán a ser los más insignificantes.

Moisés continuó diciendo:

Si no obedecen los mandamientos de Dios, estas maldiciones acabarán por completo con ustedes. Todo el mundo se dará cuenta de que ustedes y sus descendientes se han ganado este castigo para siempre, PORQUE DIOS LOS TRATÓ BIEN, PERO USTEDES NO LO OBEDECIERON NI LO ADORARON CON ALEGRÍA Y SINCERIDAD. Por eso Dios enviará contra ustedes muchos enemigos, y ellos *harán de ustedes sus esclavos. Dios les quitará todo y vivirán en la pobreza. No tendrán comida, ni agua, ni ropa. ¡Serán esclavos y acabarán por ser destruidos! Desde muy lejos Dios les traerá un pueblo enemigo. Vendrán de un país que ustedes no conocen, y del que no entienden su idioma. Esa gente sabe atacar con gran rapidez, como el águila en vuelo. Son crueles, y se comerán todo el ganado y todo lo que ustedes hayan sembrado. No les dejarán para comer nada de trigo ni de vino ni de aceite. ¡Será la ruina! ¡El hambre acabará con todos! ¡Ni a los niños ni a los ancianos les perdonará la vida! Esa gente rodeará todas las ciudades que Dios les ha dado, y las atacará; derribará esas altas y fuertes murallas en las que ustedes confían. Y mientras ellos mantengan rodeadas las ciudades, ustedes no tendrán nada que comer. Será tanta el hambre que sentirán ustedes, que se comerán a los hijos y a las hijas que Dios les dio. Esto lo hará hasta el israelita más bueno y educado, y no compartirá esa carne con nadie; ni con su hermano, ni con su amada esposa, ni con los hijos que le queden con vida. Aun la israelita más fina y delicada, que nunca supo lo que era andar descalza se comerá a escondidas los hijos que dé a luz, y con nadie compartirá su alimento. ¡Ni siquiera la placenta dejará! ¡En verdad sus enemigos los harán sufrir!*

Finalmente, Moisés les dijo a los Israelitas:

Si no respetan a nuestro grande y poderoso Dios, ni obedecen los mandamientos escritos en este libro, Dios los castigará a ustedes y a sus descendientes. ¡Los hará sufrir terribles enfermedades, que nadie podrá curar!"

Deuteronomio 28:1-59 TLA

"El cielo y la tierra son testigos de que hoy les he dado a elegir entre la vida y la muerte, entre la bendición y la maldición. Yo les aconsejo, a ustedes y a sus descendientes, que elijan la vida, y que amen a Dios y lo obedezcan siempre. De ustedes depende que vivan muchos años en el territorio que él prometió a Abraham, a Isaac y a Jacob, los antepasados de ustedes".

Deuteronomio 30:19-20 TLA

La buena noticia es que nosotros ahora tenemos acceso a la gracia y aunque a Dios le agrada que cumplamos con su ley, también se complace en perdonarnos porque ha hecho un nuevo pacto mediante la sangre que Jesús derramo en la cruz. Él es el último cordero que Dios aceptó como sacrificio. Y por esta razón nosotros ahora podemos acercarnos libremente al trono de la gracia donde encontramos socorro.

Entrégale a Dios el gobierno de tu vida y te aseguro que no importa quién gobierne tu nación, no importa si a causa de las malas decisiones de los que gobiernan viene hambruna porque si tú estás gobernado por Dios, Él te dará maná del cielo, no importa si hay sequía, porque Él te dará a beber agua de la roca, no importa que haya escasez porque Él hará que se multiplique tu aceite.

Porque en el gobierno de Dios existe provisión sobrenatural.

CAPÍTULO 27

TIEMPO DE CUMPLIMIENTO

"Así será la palabra que sale de mi boca,
No volverá a mí sin cumplir su cometido,
Sin antes hacer lo que me he propuesto:
Será eficaz en lo que la he mandado".
Isaías 55:11 BLP

En este capítulo me gustaría mostrarte una línea de tiempo que hice para mí con el propósito de entender de una forma clara y sencilla los acontecimientos que dieron cumplimiento a las palabras que Dios anunció a través de sus profetas, y esto lo hago porque yo estoy convencida de que, si algunas de esas profecías ya se cumplieron, existen otras que están cercanas a cumplirse y es necesario que nosotros entendamos que la palabra de Dios se cumplirá a pesar de la incredulidad que quiera imperar en el mundo.

Esta línea de tiempo está centrada en Jesús, porque lo que realmente me interesa es apercibir a mi espíritu de que si el nacimiento, muerte y resurrección sucedió como lo habían profetizado, eso me hace pensar que el siguiente acontecimiento que está por cumplirse es su regreso y por eso me interesa saber qué está escrito acerca de su venida y te lo quiero compartir no de una forma teológica, ni escatológica sino de la manera que Dios me ha permitido comprenderlo. Porque siendo honesta durante el tiempo que asistí tanto a las iglesias como al instituto, estos temas no se abordaban y si lo hacían era de una manera muy codificada. Y aunque en los evangelios leemos que Jesús se reservó algunas enseñanzas acerca del reino de Dios solo para sus discípulos y que por eso utilizó parábolas, también vemos que Jesús encomendó a los que hemos creído que insistamos a los que aún no han creído al mensaje de salvación. Para que ellos también puedan estar en la gran cena del Señor.

Nuestra misión es insistir porque Jesús así lo mando.

En una ocasión Jesús refirió la parábola de la gran cena, a la que envió a su siervo a decir a los invitados: "Venid que ya todo está preparado". Pero todos comenzaron a excusarse. Uno porque había comprado casa, otro porque había comprado bueyes, y otro porque se acababa de casar. Entonces el siervo regresó con su Señor y cuando le informó la respuesta de los convidados a la cena, el padre de familia se enojó y dijo a su siervo: "Ve pronto por las plazas y las calles de la ciudad, y trae acá a los pobres, a los mancos, a los cojos y a los ciegos". Y así lo hizo el siervo, pero cuando regresó y le dijo que aún había lugar.

"Entonces su amo dijo:

Ve por los senderos, y detrás de los arbustos y a cualquiera que veas, insístele que venga para que la casa esté llena".
Lucas 14:23 NTV

"A algunos que dudan, convencedlos. A otros salvad, arrebatándolos del fuego; y de otros tened misericordia con temor, aborreciendo aun la ropa contaminada por su carne".
Judas 1:22-23 RV60

Después de leer esto no puedo quedarme sin hacer mi parte. Porque cada vez se incrementa este sonido de alarma dentro de mí. Es probable que muchos no lo entiendan porque yo misma no lo entiendo, incluso a veces desearía no sentir esto que siento y simplemente quisiera continuar ocupándome de mis asuntos, sin embargo, no puedo.

Hay días en que quisiera no acordarme más de ti ni anunciar más tus mensajes; pero tus palabras arden dentro de mí; ¡son un fuego que me quema hasta los huesos! He tratado de no hablar, ¡pero no me puedo quedar callado!
Jeremías 20:9 TLA

Así que, este es el motivo por el cual este libro está ahora en tus manos, porque me es necesario contar que Dios es real y que sigue hablando de la misma manera que habló en el Edén con Adán y Eva, que es verdad que la Fe en Jesús nos da acceso al Padre y a la guía de su Espíritu Santo y que Dios aún desea tener comunión con nosotros, además desea que sepamos que el velo que nos separaba ya fue rasgado el día que Jesús murió en la Cruz por nuestros pecados. Y que lo único que nos puede separar de Él es la incredulidad.

En el Antiguo Testamento se menciona que los hijos de Isacar eran expertos en discernir los tiempos. Y yo deseo que al ver esta línea de tiempo se despierte en ti el discernimiento para entender en que tiempo estamos viviendo. No para que entres en pánico, sino para llenarte de gozo, confianza y paz porque nuestro Rey volverá, tal como lo prometió.

"Tenemos también la palabra profética más segura, a la cual hacéis bien en estar atentos como a una antorcha que alumbra en lugar oscuro, hasta que el día esclarezca y el lucero de la mañana salga en vuestros corazones;"

2 Pedro 1:19 RV60

PROFECÍA	CUMPLIMIENTO
Aproximadamente 740 años antes del Nacimiento del Hijo de Dios un Profeta llamado Isaías anunció: *"Por tanto, el Señor mismo os dará señal: He aquí que la virgen concebirá, y dará a luz un hijo, y llamará su nombre Emanuel".* (Que significa Dios con nosotros). <div align="center">Isaías 7:14 RV60</div> El profeta Miqueas escribió: *"Pero tú, Belén Efrata, pequeña para estar entre las familias de Judá, de ti me saldrá el que será Señor en Israel".* <div align="center">Miqueas 5:2 RV60</div>	En tiempos del Rey Herodes el Grande el ángel Gabriel fue enviado por Dios para visitar a María una joven virgen desposada con José. *"-No tengas miedo María- le dijo el ángel- ¡porque has hallado el favor de Dios! Concebirás y darás a luz un hijo, y le pondrás por nombre Jesús. Él será muy grande y lo llamarán hijo del Altísimo".* <div align="center">Lucas 1:30 NTV</div> En el evangelio de Mateo se relata el cumplimiento de esta profecía: *"Cuando Jesús nació en Belén de Judea en días del rey Herodes, vinieron del oriente a Jerusalén unos magos, diciendo: ¿Dónde está el rey de judíos, que ha nacido? Porque su estrella hemos visto en el oriente, y venimos a adorarle. Oyendo esto, el rey Herodes se turbó, y toda Jerusalén con él. Y convocados todos los principales sacerdotes, y los escribas del pueblo, les preguntó dónde había de nacer el Cristo. Ellos le dijeron: En Belén de Judea; porque así está escrito por el profeta:* *Y tú Belén, de la tierra de Judá, No eres la más pequeña entre los príncipes de Judá; porque de ti saldrá un guiador, que apacentará a mi pueblo Israel".* <div align="center">Mateo 2:1-6 RV60</div>

Fila: NACIMIENTO

	PROFECÍA	CUMPLIMIENTO
MUERTE	En el Antiguo Testamento podemos leer un Salmo que escribió el rey David, y es como si él hubiera podido ver por anticipados detalles acerca de la crucifixión de Jesús. *"Repartieron entre sí mis vestidos, Y sobre mi ropa echaron suertes".* Salmos 22:18 RV60 El profeta Isaías describió: *"Despreciado y desechado entre los hombres, varón de dolores, experimentado en quebranto; y como que escondimos de él el rostro, fue menospreciado y no lo estimamos".* Isaías 53:3 RV60 *"Pero él fue herido por nuestras rebeliones, fue golpeado por nuestras maldades; él sufrió en nuestro lugar, y gracias a sus heridas recibimos la paz y fuimos sanados".* Isaías 53:5 *"Fue maltratado y humillado, pero nunca se quejó. Se quedó completamente callado, como las ovejas cuando les cortan la lana; y como el cordero llevado al matadero, ni siquiera abrió su boca".* Isaías 53:7	*"Cuando le hubieron crucificado, repartieron entre sí sus vestidos, echando suertes, para que se cumpliese lo dicho por el profeta: Partieron entre sí mis vestidos y sobre mi ropa echaron suertes".* Mateo 27:35 RV60 *"¡Habitantes de Jerusalén! ¡Ustedes matan a los profetas y a los mensajeros que Dios les envía! Muchas veces quise protegerlos a ustedes, como la gallina que cuida a sus pollitos debajo de sus alas, pero ustedes no me dejaron".* Lc 13:34 TLA *"Cristo nunca pecó. Pero Dios lo trató como si hubiera pecado, para declararnos inocentes por medio de Cristo".* 2ª. Co 5:21 TLA *"Cuando lo insultaban, jamás contestaba con insultos, y jamás amenazó a quienes lo hicieron sufrir. Más bien, dejó que Dios lo cuidara y se encargará de todo, pues Dios juzga a todos con justicia".* 1 Pe. 2:23 TLA

	PROFECÍA	CUMPLIMIENTO
MUERTE	*"Y se dispuso con los impíos su sepultura, más con los ricos fue en su muerte; aunque nunca hizo maldad, ni hubo engaño en su boca".* Isaías 53:9 RV60 *"Por tanto, yo le daré parte con los grandes, y con los fuertes repartirá despojos; por cuanto derramó su vida hasta la muerte, y fue contado con los pecadores, habiendo él llevado el pecado de muchos, y orado por los transgresores".* Isaías 53:12 RV60	*"Cuando llegó la noche, vino un hombre rico de Arimatea, llamado José, que también había sido discípulo de Jesús. Este fue a Pilato y pidió el cuerpo de Jesús. Entonces Pilato mandó que se le diese el cuerpo. Y tomando José el cuerpo, lo envolvió en una sábana limpia, y lo puso en su sepulcro nuevo, que había labrado en la peña; y después de hacer rodar una gran piedra a la entrada del sepulcro, se fue".* Mateo 27:57-60 RV60 *"Crucificaron también con él a dos ladrones, uno a su derecha, y el otro a su izquierda. Y se cumplió la Escritura que dice: 'Y fue contado con los inicuos'".* Mr. 15:27 RV60

	PROFECÍA	CUMPLIMIENTO
RESURRECCIÓN	*"A Jehová he puesto siempre delante de mí; porque está a mi diestra, no seré conmovido. Se alegró, por tanto, mi corazón, y se gozó mi alma; mi carne también reposará confiadamente. Porque no dejarás mi alma en el Seol, ni permitirás que tu santo vea corrupción. Me mostrarás la senda de la vida; en tu presencia hay plenitud de gozo; Delicias a tu diestra para siempre".* Salmos 16:8-11 RV60	1 primer discurso de Pedro, después de ser lleno del Espíritu Santo: *"Al cual Dios levantó, sueltos los dolores de la muerte, por cuanto era imposible que fuese retenido por ella. Porque David dice de él: Veía al Señor siempre delante de mí; porque está a mi diestra, no seré conmovido. Por lo cual mi corazón se alegró, y se gozó mi lengua, Y aún mi carne descansará en esperanza; porque no dejarás mi alma en el Hades, ni permitirás que tu Santo ve corrupción. Me hiciste conocer los caminos de la vida; Me llenarás de gozo con tu presencia. Varones hermanos se os puede decir libremente del patriarca David, que murió y fue sepultado, y su sepulcro está con nosotros hasta el día de hoy. Pero siendo profeta, y sabiendo que con juramento Dios le había jurado que, de su descendencia, en cuanto a carne, levantaría al Cristo para que se sentase en su trono, viéndolo antes, habló de la resurrección de Cristo, que su alma no fue dejada en el Hades, ni su carne vio corrupción. A este Jesús resucitó Dios, de lo cual todos nosotros somos testigos".* Hechos 2:24-32 RV60

	PROFECÍA	CUMPLIMIENTO
RESURRECCIÓN	*"A Jehová he puesto siempre delante de mí; porque está a mi diestra, no seré conmovido. Se alegró por tanto mi corazón, y se gozó mi alma; mi carne también reposará confiadamente. Porque no dejarás mi alma en el Seol, ni permitirás que tu santo vea corrupción. Me mostrarás la senda de la vida; en tu presencia hay plenitud de gozo; Delicias a tu diestra para siempre".* Salmos 16:8-11 RV60	Pablo escribió: *"Y habiendo cumplido todas las cosas que de él estaban escritas, quitándolo del madero, lo pusieron en el sepulcro. Mi Dios le levantó de los muertos. Y él se apareció durante muchos días a los que habían subido juntamente con él de Galilea a Jerusalén, los cuales ahora son sus testigos ante el pueblo. Y nosotros también os anunciamos el evangelio de aquella promesa hecha a nuestros padres, la cual Dios ha cumplido a los hijos de ellos, a nosotros, resucitando a Jesús; como está escrito también en el salmo segundo: Mi hijo eres tú, yo te he engendrado hoy".* Hechos 13:29-33 RV60 *"Porque primeramente os he enseñado lo que asimismo recibí: Que Cristo murió por nuestros pecados, conforme a las Escrituras; y que apareció a Cefas, y después a los doce. Después apareció a más de quinientos hermanos a la vez, de los cuales muchos viven aún, y otros ya duermen. Después apareció a Jacobo; después a todos los apóstoles; y al último de todos, como a un abortivo, me apareció a mí".* 1 Co. 15:3-8 RV60

	PROFECÍA	CUMPLIMIENTO
SEGUNDA VENIDA	Daniel fue un hombre sabio que demostró su fiel amor por Dios en diferentes pruebas y a él le fue mostrado el tiempo del fin. *"El ángel levantó las manos al cielo y, en el nombre del Dios de la vida, juró:* *—Esto terminará cuando termine la destrucción del pueblo de Dios, es decir, dentro de tres años y medio.* *—Yo oí lo que el ángel dijo, PERO NO ENTENDÍ NADA. Por eso le pregunté:* *—Mi señor, y después de que haya pasado todo esto, ¿Qué sucederá?* *El ángel me contestó:* *—A ti, Daniel, te toca llevar una vida normal. Nadie debe saber nada de todo esto, hasta que llegue la hora final. Muchos van a sufrir por todo lo que te he dicho, pero después de ese sufrimiento serán mejores personas. La gente malvada seguirá siendo malvada, y no se dará cuenta de lo que estará sucediendo. Pero los maestros sabios si se darán cuenta de todo.*	JESUS DIJO: "NADIE SABE EL DÍA NI LA HORA EN QUE YO VENDRÉ; NO LO SABEN NI SIQUIERA LOS ÁNGELES DEL CIELO. ES MÁS TAMPOCO YO LO SÉ. SOLO DIOS, MI PADRE, LO SABE". Mateo 24:36 TLA

	PROFECÍA	CUMPLIMIENTO
SEGUNDA VENIDA	*A partir del momento en que no se permita presentar las ofrendas diarias, y que se ofrezca en el templo de Dios algo horrible y asqueroso, pasarán mil doscientos noventa días. Felices los que esperen todo ese tiempo confiando en Dios. Y tú, Daniel, vive tranquilo hasta el día de tu muerte. Cuando llegue la hora final, te levantarás de entre los muertos para recibir tu premio".* Dn 12:7-13 TLA Jesús les dijo a sus discípulos: *"Cuando yo, el Hijo del hombre, VENGA OTRA VEZ, la gente estará viviendo como en la época de Noé. En ese tiempo la gente seguía comiendo, bebiendo y casándose, hasta el momento mismo en que Noé entró en la casa flotante; y luego vino la inundación. La gente no sabía lo que pasaba, hasta el momento en que llegó el diluvio y todos se ahogaron. Algo así pasará cuando yo, el Hijo del hombre, venga otra vez. Si en ese momento hay dos hombres trabajando en el campo, me llevaré a uno y dejaré al otro. Si dos mujeres están moliendo granos, me llevaré a una y dejaré a la otra. Por eso, estén siempre alerta, pues ustedes no saben el día en que yo, su Señor, VENDRÉ OTRA VEZ".* Mateo 24:37-42 TLA	JESUS DIJO: "NADIE SABE EL DÍA NI LA HORA EN QUE YO VENDRÉ; NO LO SABEN NI SIQUIERA LOS ÁNGELES DEL CIELO. ES MÁS TAMPOCO YO LO SÉ. SOLO DIOS, MI PADRE, LO SABE". Mateo 24:36 TLA

En el capítulo 2 te conté la forma en que Dios me liberó de la esclavitud de vivir bajo la influencia del pecado, y te puedo asegurar que desde ese día mi espíritu quedó liberado. Sin embargo, tuve que luchar por algún tiempo como lucha un drogadicto durante la abstinencia, porque, aunque nunca consumí drogas, mi mente estaba intoxicada de pensamientos suicidas que me hacían considerar la muerte como una salida de escape a mi realidad.

Así que desde el momento que fui liberada, me concentré en conocer a mi libertador y entre más conocía lo que él habló con sus discípulos mi mente empezó a pensar diferente y cuando querían venir a mi mente pensamientos de incredulidad o de razonamiento lógico que intentaban confundir mi fe, el Espíritu Santo de Dios me guiaba para derribarlos con la verdad escrita en la Biblia.

Recuerdo que en una ocasión iba caminando por la banqueta con mi mamá y vi unas hojas de la Biblia tiradas en el suelo y al momento de verlas vino una imagen de personas siendo torturadas, ensangrentadas y asesinadas por encargarse de difundir estas palabras y de verdad que sentí en mi interior algo que no sé cómo explicarlo, porque pensé: "¡cómo es posible que la misma palabra por la que personas estuvieron dispuestas a dar su vida, otras la pisoteen en las calles!"

Luego de algunos años recuerdo que un día que estaba muy intensa con Dios diciéndole que estaba dispuesta a dar mi vida por él, inmediatamente rebotó un pensamiento y me dijo: *"No necesito que des tu vida, mi Hijo ya la dio, necesito que VIVAS para Él por eso te rescaté de la muerte"*.

"Para la ley estoy muerto, y lo estoy por causa de la ley misma. Sin embargo, ¡ahora vivo para Dios! En realidad, también yo he muerto en la cruz, junto con Jesucristo. Y ya no soy yo el que vive, sino que es Jesucristo el que vive en mí. Y ahora vivo gracias a mi confianza en el Hijo de Dios, porque él me amó y quiso morir para salvarme. No rechazo el amor de Dios. Porque si él nos aceptará solo porque obedecemos la ley, entonces de nada serviría que Cristo haya muerto".

Gálatas 2:19-21 TLA

He descubierto que se trata de morir al yo y a mis propios deseos y dejar que Cristo a través de su Espíritu Santo guíe mis decisiones y entonces, mi conducta se encargará de reflejar que Cristo vive en mí. Cada día me convenzo más de que no es algo que podemos producir con esfuerzo humano, porque el Espíritu no puede ser imitado. Él es único y genuino y aunque viene a hacer morada en nuestro cuerpo físico no está limitado a un cuerpo. Él se sigue moviendo como se movía en el principio sobre la faz de las aguas y su función sigue siendo la misma.

"Ustedes demostrarán que me aman, si cumplen mis mandamientos. Y yo le pediré al Dios el Padre que les envíe al Espíritu Santo, para que siempre los ayude y siempre esté con ustedes. ÉL LES ENSEÑARÁ LO QUE ES LA VERDAD.

Los que no creen en Dios y solo se preocupan por lo que pasa en este mundo, no pueden recibir al Espíritu, porque no lo ven ni lo conocen.

Pero ustedes si lo conocen, porque está con ustedes, y siempre estará en medio de ustedes".
Juan 14:15-17 TLA

"No voy a dejarlos solos; VOLVERÉ a estar con ustedes. Dentro de poco, la gente de este mundo no podrá verme. Pero ustedes si me verán porque, aunque voy a morir, RESUCITARÉ, y haré que ustedes también resuciten".
Juan 14:18-19 TLA

"Cuando yo regrese a donde ustedes estén, se darán cuenta de que el Padre y yo somos uno; y ustedes y yo también seremos uno. El que me obedece y hace lo que yo mando, demuestra que me ama de verdad. Al que me amé así, mi Padre lo amará, y yo también lo amaré y LE MOSTRARÉ CÓMO SOY EN REALIDAD".
Juan 14:20-21 TLA

En cada uno de los capítulos anteriores he expresado cuánto me ha cautivado la forma en que Dios se revela para convencernos de que Él es real y cuánto anhela tener una relación diaria con nosotros. Por eso no solo envió a su Hijo, sino que también nos ha dado su Espíritu Santo al creer que

Jesús fue el último cordero aceptable a Dios como sacrificio definitivo para el perdón de pecados.

"Y ahora ustedes, los gentiles, también han oído la verdad, la Buena Noticia de que Dios los salva. Además, cuando creyeron en Cristo Dios los identificó como suyos al darles el Espíritu Santo, el cual había prometido tiempo atrás. El Espíritu es la garantía que tenemos de parte de Dios de que nos dará la herencia que nos prometió y de que nos ha comprado para que seamos su pueblo. Dios hizo todo esto para que nosotros le diéramos gloria y alabanza".
Efesios 1:13-14 NTV

"El Espíritu Santo vendrá y los ayudará, porque el Padre lo enviará para tomar mi lugar. El Espíritu Santo les enseñará todas las cosas y les recordará todo lo que les he enseñado".
Juan 14:26 TLA

Cada creyente que comparte la verdad es ayudado por el Espíritu Santo para convencer al que escucha la palabra, por eso nadie debe gloriarse de la salvación de otros.

"Y cuando él venga, convencerá al mundo de pecado y de la justicia de Dios y del juicio que viene. El pecado consiste en que el mundo se niega a creer en mí. La justicia está disponible, porque voy al Padre, y ustedes no me verán más. El juicio vendrá, porque quien gobierna este mundo ya ha

sido juzgado. Me queda aún mucho más que quisiera decirles, pero en este momento no pueden soportarlo.

Cuando venga el Espíritu de verdad, él los guiará a toda la verdad. Él no hablará por su propia cuenta, sino que les dirá lo que ha oído y les contará lo que sucederá en el futuro".
Juan 16:8-13 NTV

Como te comenté al inicio, la intención de este libro y de este capítulo en particular es contarte que Dios es muy real y que su deseo es revelarse al mundo. Él desea que conozcamos la verdad para que seamos libres de la mentira que vendrá sobre el mundo entero.

"El Espíritu Santo ha dicho claramente que, en los últimos tiempos, algunas personas dejarán de confiar en Dios. Serán engañadas por espíritus mentirosos y obedecerán enseñanzas de demonios".
1 Timoteo 4:1 TLA

Mi deseo es que tu vida sea llena del Espíritu Santo para que sea Él quien guíe tu vida en estos tiempos. Y que, aunque como el profeta Daniel no entendió lo que le fue mostrado por el ángel (Daniel 12:8 TLA) Nos enfoquemos en llevar una vida normal hasta que llegue la hora final (Daniel 12:9 TLA).

Vivamos de tal manera que acabemos la carrera con gozo y podamos presentarnos delante de Dios como obreros aprobados que no tienen nada de qué avergonzarse.

"No me preocupa si tengo que morir. Lo que si quiero es tener la satisfacción de haber anunciado la buena noticia del amor de Dios, como me lo ordenó el Señor Jesús. Estoy seguro de que no volverá a verme ninguno de ustedes, a los que anunciado el mensaje del reino de Dios. Por eso quiero decirles que no me siento responsable por ninguno de ustedes, pues ya les he anunciado los planes de Dios. No les he ocultado nada. Ustedes deben cuidarse a sí mismos, y cuidar a los miembros de la iglesia de Dios. Recuerden que el Espíritu Santo los puso como líderes de la iglesia, para que cuiden a todos los que Dios salvó por medio de la sangre de su propio Hijo. Cuando yo muera, vendrán otros que, somo si fueran lobos feroces, atacarán a todos los de la iglesia. También algunos, que ahora son seguidores de Jesús, comenzarán a enseñar mentiras, para que todos en la iglesia los sigan y los obedezcan. Por eso, tengan mucho cuidado. Recuerden los consejos que les he dado durante tres años, a pesar de tantos problemas y dificultades. Ahora le pido a Dios que los cuide con mucho amor. Su amoroso mensaje puede ayudarles a ser cada día mejores. Si lo obedecen, Dios cumplirá las promesas que ha hecho a todos los que ha elegido para ser su pueblo".

Hechos 20:24-32 TLA

Estas son las palabras con las que el Apóstol Pablo se despide de la Iglesia, el Espíritu Santo ya le había mostrado que estaba cerca de partir, sin embargo, eso no lo atemorizó, sino que él aprovechaba todo momento para continuar contando su testimonio a dondequiera que iba, lo arrestaban, pero aún en esos lugares tomaba la palabra para dar testimonio de su conversión. Y como Pablo era muy estudioso lo acusaban de haberse vuelto loco de tanto estudiar.

"Cuando Pablo terminó de defenderse, Festo le gritó:

- *¡Pablo, estás loco! De tanto estudiar te has vuelto loco. Pablo contestó:*

- *Excelentísimo Festo, yo no estoy loco. Lo que he dicho es la verdad, y no una locura. El rey Agripa sabe mucho acerca de todo esto, y por eso hablo con tanta confianza delante de él. Estoy seguro de que él sabe todo esto, porque no se trata de cosas que hayan pasado en secreto.*

Luego, Pablo se dirigió al rey Agripa y le dijo:

- *Majestad, ¿acepta usted lo que dijeron los profetas en la Biblia? Yo sé que sí lo acepta. Agripa le contestó:*

- *¿En tan poco tiempo piensas que puedes convencerme de ser cristiano?"*

Hechos 26:24-28 TLA

"Pablo le dijo:

Me gustaría que, en poco tiempo, o en mucho tiempo, Su Majestad y todos los que están aquí fueran como yo. Pero claro, sin estas cadenas".

Hechos 26:24-29 TLA

HOY EN DÍA LOS QUE COMPARTEN EL MENSAJE DE JESÚS SON CRITICADOS Y VISTOS COMO GENTE LOCA O FANÁTICA

QUE HA PERDIDO EL JUICIO Y LA RAZÓN, PERO ESO NO NOS DEBERÍA INTIMIDAR; AL CONTRARIO, DEBEMOS CONFIAR EN QUE EL MISMO ESPÍRITU SANTO QUE ACOMPAÑÓ A PABLO Y A LOS DISCÍPULOS SE ENCARGARÁ DE RESPALDAR EL MENSAJE, AUN SI FUERA NECESARIO CON SEÑALES.

Conforme avance el tiempo habrá más confusión en el mundo, pero si somos entrenados en la palabra de Dios, y confiamos en la guía del Espíritu Santo podremos estar a salvo del engaño.

"Cesa, hijo mío, de oír las enseñanzas, que te hacen divagar de las razones de sabiduría".
Proverbios 19:27 RV60

Oro para que en medio de todas las voces que se levanten para confundir. Nuestro espíritu esté presto para atender a la voz del Espíritu Santo.

"En aquel tiempo, respondiendo Jesús, dijo: Te alabo, Padre, Señor del cielo y de la tierra, porque escondiste estas cosas de los sabios y de los entendidos, y las revelaste a los niños. Si, Padre, porque así te agradó".
Mateo 11:25-26 RV60

Que Dios nos dé un corazón de niño para entrar en su reino.

"Y les dijo - Les aseguro que para entrar en el reino de Dios, ustedes tienen que cambiar su manera de vivir y ser como niños".
Mateo 18:3 TLA

Mi oración final por ti que has leído este libro hasta el final es que veas el cumplimiento de cada una de las promesas que Él ha hablado a tu corazón, pero sobre todas las cosas que puedas disfrutar en esta tierra la plenitud de conocer a UN DIOS REAL.

Made in the USA
Coppell, TX
12 November 2024

39478776R00125